Fröhliche Peinacht

Weihnachten überall

Für Alfredo

viel Spaß bei der
Lektüre

+ Tami

PEINER LAND

Der Autorenkreis Peiner Land besteht aus Autorinnen und Autoren, die Freude am Schreiben und gemeinsamen Aktivitäten haben wie z.B. unsere Autorentreffen in unserer Stadt Peine und im Peiner Land. Besuchen Sie uns gerne im Internet: **www.autorenkreis-peinerland.de**

Herausgeber: Autorenkreis Peiner Land
Lektorat: Autorenkreis Peiner Land
Druck/Verlag: epubli, November 2023
Gestaltung: Webheldinreloaded

*Für alle, die Weihnachten
genauso lieben wie wir*

Vorwort

Liebe Leserin, lieber Leser!

Wir bekennen uns: Wir lieben Weihnachten. Die bewegendsten aber auch lustigsten Dinge passieren genau zu der Zeit, in der die Familien zusammenkommen, sich beschenken und eine gute Zeit gönnen.

Freuen Sie sich auf außergewöhnliche Kurzgeschichten und Gedichte rund um die Weihnachtszeit. Unsere Autoren und Autorinnen wünschen Ihnen auf diesem Wege eine fröhliche Peinacht und ein friedvolles Neues Jahr!

Ihr Autorenkreis Peiner Land

Inhalt

Inhalt

Letzte Weihnacht

Letzte Weihnacht, ach welch Graus,
das muss ich euch erzählen,
lief alles irgendwie ganz schief,
es schien als wollt mich diese Zeit,
einmal so richtig quälen.

Der Weihnachtsbaum war ziemlich
krumm, blieb einfach gar nicht stehen,
irgendwann band ich ihn fest,
es war fast nicht zu sehen.

Kaum dass die Kugeln angebracht,
da freuten sich die Katzen,
welch schönes buntes Spielzeug wars,
für ihre kleinen Tatzen.

Ich haschte sie durchs halbe Haus,
so konnte ich den Baumschmuck retten,
hab in den Wintergarten sie verbannt,
doch sie protestierten dort in allen
Katzenlärm-Facetten.

Nun stand der Baum in seiner Pracht,
es war an der Zeit,
zu verpacken die Geschenke,
doch wie, was, das war doch nicht wahr,
wie konnte es denn nur passieren,
dass ich nicht ans Geschenkband denke.

Irgendwie ging es dann doch
Und Heiligabend war sehr schön,
doch plötzlich rums, raudau!
Was war denn da geschehen?

Die Mausi fiel im tiefsten Schlaf
vom Katzenkratzbaum runter,
hielt sich an der Gardine fest,
als sie im Falle wurde munter.

Zu schwer für die Gardinenstange,
die sich den Weg nach unten bahnte
und krachend dann zu Boden fiel,
noch ehe ich es ahnte.

Mein Kätzchen, es war so verschreckt,
dass ich mir das Schimpfen schenkte
und meine ganze Energie,
auf die Reparaturen lenkte

Der Abend klang doch ruhig noch aus,
mit Liedern von Joseph und Marie,
doch eines, weiß ganz sicher ich,
dies Weihnachten, vergesse ich nie!

Fingerspiele

Jürgen Gückel

Es war am Freitag vor dem vierten Advent, als die Polizeimeldung herein- kam: Mitten im dichten Weihnachts- verkehr hatte es an der belebten Ampelkreuzung Schüsse gegeben. Abgefeuert aus einem Auto, dessen Fahrer auf die verdunkelten Scheiben des aufgemotzten 8er BMW gezielt hatte. Die Projektile zweier Schüsse hatten das Glas durchschlagen und waren auf der anderen Seite wieder ausgetreten. Wie durch ein Wunder war niemand getroffen worden - nicht der Fahrer, den lediglich Glassplitter erwischten und ihm ein paar blutende Gesichtswunden zufügten, nicht der Beifahrer, und auch kein Passant im dichten vorweihnachtlichen Einkaufs- trubel. Die Kugeln hatten sich in den Rasen der angrenzenden Grünanlage gebohrt.

Du bist der Polizei- und Gerichtsreporter. Das Verbrechen ist natürlich
dein Aufmacher. Herauszufinden, wer
im Wagen saß, war nicht schwer. Die
Karre ist stadtbekannt. Es war Dete.
Dete - eigentlich Detlev, aber wehe du
nennst ihn beim Vornamen -, der
Präsident der örtlichen Devil-Riders, ein
ungebildeter, aber bauernschlauer Kerl,
dessen Vorstrafen ihn offenbar für das
Präsidentenamt qualifizieren, dabei hat
er schon längst keinen Führerschein
mehr. Detes Chapter versucht sich
schon lange nach Außen als harmloser
Motorradclub zu profilieren. Da gibt es
Ausfahrten mit Betreuten der Lebens-
hilfe, da werden die schweren Motor-
räder in Seniorenheimen vorgeführt
oder Spendensammlungen für die
Weihnachtshilfe organisiert. Nach innen
aber, gegenüber den mächtigen
Kameraden aus der Hauptstadt, bedarf
es anderer, der Öffentlichkeit

verborgener Aktivitäten, um sich als vollwertiges Glied der Organisation zu beweisen. Der Schütze war entkommen, nicht einmal brauchbare Hinweise auf die Automarke gab es. Dete und sein Fahrer, so hattest du unter der Hand erfahren, gaben sich ahnungslos, wer da auf sie gefeuert haben könnte. War es ein Mordversuch, ein Denkzettel, eine Bedrohung, weil rivalisierende Rockerclubs sich Detes Expansion nicht bieten lassen wollten? Drohte ein gefährlicher Streit im Milieu, ein blutiger Rocker-Krieg gar? Der verletzte Fahrer wurde im Krankenhaus verarztet und sagte kein Wort, Dete selbst wurde im Polizeipräsidium lange vernommen, aber gab sich ahnungslos. Sie mussten ihn, das Opfer des versuchten Mordes, nach ergebnisloser Vernehmung laufen lassen. Ein Clubmitglied - Dete nannte ihn seinen »Master at Arms« der

Waffenmeister der Devil-Riders - holte ihn ab. Die Polizei kam mit ihren Ermittlungen nicht weiter. Es blieb aber ruhig. Gut zwei Jahre hattest du von den Rockern nichts mehr gehört, als die Presseübersicht des Landgerichts einen Prozess wegen versuchten Mordes im Milieu ankündigte. Die Polizei hatte Hinweise erhalten - ob anonym, ob von einem VMann oder von einem Aussteiger aus der Szene? - das wurde selbst im Gerichtsverfahren nicht offenbar. Angeklagt wegen versuchten Mordes wurde jedenfalls ein Rocker aus der Nachbarstadt. Er hatte kein Alibi, hatte Zugang zu der Werkstatt, in der die Tatwaffe gefunden wurde, und alles sprach dafür, dass er sich mit den Schüssen auf Dete für höhere Weihen im Gefüge seines Rockerclubs qualifiziert hatte. Doch niemand belastete ihn - auch seine Opfer nicht.

Das Gericht hatte alles versucht. Auch der Waffenmeister saß im Zeugenstand. Worüber er sich denn mit dem Präsidenten unterhalten habe, als der nach dem Mordanschlag von der Polizei kam und bei ihm im Auto saß, wollte der Vorsitzende wissen? »Och, über alles Mögliche.« » Über den Anschlag?«»Nöö.«» Worüber dann?« »Über Weihnachtsgeschenke. Ob er seiner Freundin lieber so ein, so ein - na, so ein Vibrier-Ding oder Unterwäsche zu Weihnachten schenken sollte. «» Geplauscht über Weihnachtsgeschenke - nach diesem lebensbedrohlichen Erlebnis?« »Ja, warum denn nicht? War doch fast schon Weihnachten.« Mehr wollte der Zeuge nicht sagen. Richter und Staatsanwalt glaubten ihm kein Wort. Sie drängten, drohten mit Vereidigung, kündigten Ordnungsgeld an, wenn er nicht weiter aussage – vergeblich.

Als Dete in den Zeugenstand gerufen wurde, füllte sich der Schwurgerichtssaal ganz plötzlich. Kräftige Kerle saßen nun da, teils mit Rauschebart, teils mit Glatze, die meisten tätowiert, alle in Lederkutten mit den Signes der Motorradclubs aus dieser und der Nachbarstadt. Alle einstigen Feinde friedlich vereint und offensichtlich gespannt auf Detes Aussage. Sie hatten sich von den Wachtmeistern artig filzen lassen, hatten freiwillig am Eingang ein paar Schweizer Taschenmesser und ihre Flaschenöffner abgegeben und waren nun harmlose Zuhörer. Dete wusste gar nicht, was die Richter von ihm wollten. An den Anschlag konnte er sich nicht erinnern. Das sei doch harmlos gewesen, nichts sei passiert, alles längst vergessen. Den Angeklagten kenne er gar nicht. Und die Frage, worüber man sich am Tattag auf der Heimfahrt unterhalten habe, beantwortete er wie der Kamerad: »Weihnachtsgeschenke!

Ich brauchte doch noch was für meine Schnalle.« Als er dem Gericht wortreich erklären wollte, wofür er sich denn nun entschieden habe, wurde es dem Staatsanwalt zu bunt. Er beantragte Vereidigung. Dem wurde stattgegeben. Dete schwor, über die Schüsse auf sein Auto sei kein Wort geredet worden. Du, der Gerichtsreporter, standest gewohnheitsmäßig mit auf, als der so offensichtliche Meineid geschworen wurde. Hinter dir drei Dutzend Rocker, die die Aufforderung des Richters zunächst ignorierten und sich erst erhoben, als Dete sich zu ihnen umwandte und ein kurzes »Auf!« ertönen ließ. Dann saßen alle wieder, Dete wurde aus dem Zeugenstand entlassen. Er erhob sich vom Stuhl, drehte sich um, warf beide Unterarme kurz hoch, die Handflächen nach oben und leicht geöffnet. Die Rocker sprangen erneut auf - wie ein Mann. »Welch ein dummer Haufen

Machos, sich einen so dumpfen
Anführer zu wählen und wie die
Lakaien nach seiner Pfeife zu tanzen?!«

« Das war dein erster Gedanke. Erst
dann wurde dir bewusst, wie die
Richter die Szene von der anderen Seite
aus gesehen haben müssen: den
Rücken des Zeugen, seitlich herab-
hängend beide Arme, beide Unterarme
plötzlich hochruckend, die Handflächen
offen, die Finger teils gekrümmt, teils
gereckt - und der Mittelfinger? Rechts
wie links, beide steil nach oben!

Draußen auf dem Gerichtsflur zogen die
Rocker danach ab. Du auch. Zwei der
kräftigsten haben dich eingeholt, haben
dich nur ganz leicht, fast wie aus
Versehen, seitlich angerempelt - aber
beide gleichzeitig, von beiden Seiten.
Du in der Zange - und ein Zischen:
»Schreib keinen Scheiß!«

Du hast keinen Scheiß geschrieben, sondern nur das, was wirklich passiert ist. Dennoch hast du einen Anruf erhalten von einem Unbekannten, der sich als »Schädlingsvernichter« ausgab. Er fragte, ob du ihm Kontakt mit den Devil-Riders herstellen könntest, du hättest doch über die was geschrieben. Er wolle denen anbieten, sich mal um »störende Zecken, Schaben und anderes Ungeziefer« zu kümmern. Du gabst dich ahnungslos. Der Prozess endete mit Freispruch. Das Ermittlungsverfahren wegen Meineides wurde eingestellt. Nur die Beleidigung der Richter und Schöffen wurde zunächst weiter verfolgt. Irgendwann rief dich ein Rechtsanwalt an, der mitteilte, er verteidige den Rockerpräsidenten Dete. Du hättest doch die Szene im Gericht miterlebt, und du könntest doch bestimmt bezeugen, dass der Bikerchef lediglich seine Leute mit Handzeichen aufgefordert habe, sich zu erheben. So war es doch - und so solltest Du das aussagen. Er, der Anwalt, wolle deinen Namen jetzt dem Gericht melden, damit du als Zeuge vernommen werden kannst. Der Präsident setze auf dich - als seinen Entlastungszeugen. Dazu wird es nie kommen. Das hast du erst am Heiligabend des nächsten Jahres erfahren. Du hattest in jenem Jahr Feiertagsdienst. Der Besuch bei der Weihnachtsfeier in der Justizvollzugsanstalt gehört zu den regelmäßigen Veranstaltungen, über die in der ersten Ausgabe nach dem Fest berichtet wird: »Weihnachten hinter Gittern«. Da sitzen die schweren Jungs im Stuhlkreis, haben mit Sternen bedruckte Papiertüten in den Händen, aus denen noch der Zipfel des Schokoladenweihnachtsmannes schaut, und sie singen schräg und im sonoren Bass bekannte Weihnachtslieder.

Als du den Raum in Begleitung zweier Wachtmeister betrittst, springt Dete auf und begrüßt dich wie einen alten Kumpel. Alles klar jetzt, sagt er. Die Sache mit den Mittelfingern sei ja auch eingestellt worden. Da komme ja nix bei raus. Das klingt, als sei er enttäuscht darüber. Jetzt müsse er erst mal die vier Jahre wegen der blöden Erpressungssache in der Nachbarstadt absitzen. Ansonsten laufe es für ihn bestens hier im Bau. »Aber wäre schon 'ne Gaudi gewesen, wenn man denen nochmal den Finger hätte zeigen können«, schmunzelt er. Dann dreht er sich zu seinen Mithäftlingen im Stuhlkreis um, wirft kurz die Unterarme hoch, lässt sie alle aufspringen. Die Weihnachtsfeier hinter Gittern ist beendet.

Weihnacht im Herzen
Franziska Koblitz

Stille Zeit
besinnliche Zeit.
Mit Bedacht Freude entfacht.

Inne gehalten.
Nachgedacht.
Inne gehalten.
Aufgewacht.

Ein Bäumchen klein
geschmückt ganz fein.
Es flackern Kerzen
Weihnacht im Herzen.

Platz 44
Andreas Brüge

Platz 43 war schon immer sein Platz
gewesen. In jedem Weihnachtskonzert
seit '59 hatte er hier im Seitenschiff
gesessen. Walther reckte den Hals.
Wo denn Gerda blieb?

Am Anfang war er nur ihr zuliebe
gegangen. Die ersten Karten waren ein
Hochzeitsgeschenk gewesen. Doch
längst hatte auch er diese Tradition
lieben gelernt – und die Musik.

Der Konzertmeister gab sein » a « und
das Durcheinander der Streicher
antwortete. Noch war etwas Zeit.

Walthers schweifender Blick fing sich
im Gesicht eines alten Mannes in der
Reihe vor ihm. Er kannte ihn nicht, doch
der Mann hatte sich mit sichtlicher

Anstrengung zu ihm umgewandt und sah ihn erwartungsvoll an.

»Walther, schön dich zu sehen! Wo hast du gesteckt das ganze Jahr?«, sprach der ihn an. Walther zog die Augenbrauen zusammen und grübelte angestrengt. Die Leute verwechselten ihn laufend mit irgendwem. Andererseits gab es auch alte Bekannte, an die er sich nach Jahrzehnten nicht mehr erinnerte. Das passierte schließlich jedem. Aber hier ging es lediglich um ein Jahr! »War beschäftigt«, gab er mit hinhaltender Freundlichkeit zurück.

»Immer noch der alte Hans-Dampf«, grinste der andere anerkennend. »Wie ich sehe, hast du weiter das Doppelabo gehalten.« Er nickte überdeutlich in Richtung des freien Platzes neben Walther.

»Selbstverständlich!«, antwortete Walther mit leichtem Kopfschütteln.

Walther mit leichtem Kopfschütteln.
Es war offensichtlich jemand, der ihn
verwechselte. Nie würde er ein Konzert
ohne Gerda besuchen.

Auf der Bühne waren inzwischen die
Bläser dran. Jetzt wurde es höchste Zeit
für Gerda. Walther blickte konzentriert
zu Boden und versuchte, sich daran zu
erinnern, wo sie sich auf dem Weg zur
Kirche getrennt hatten.

Aufbrandender Applaus riss ihn aus den
Gedanken. Der Kantor war feierlich aus
der Sakristei an das Pult getreten.

Im Laufe der Zeit waren es einige
gewesen, die er hat kommen und
gehen gesehen.
Grosse, Meseberg, Westphal und
Thüne, zählte er für sich auf. Alles in
Ordnung mit seinem Kopf. Trotzdem
wollte ihm einfach nicht einfallen, wo
er Gerda heute zum letzten Mal

gesehen hatte. Wann überhaupt? Er hatte Schwierigkeiten, sich ihr Gesicht klar vor Augen zu führen. Aber den Klang ihrer Stimme hatte er im Ohr. Was hatte sie zum Abschied gesagt?

Stille breitete sich in der Kirche aus, die von der Pauke unvermittelt gebrochen wurde. Walther setzte sich aufrecht, wandte sich zum Altarraum und drängte seine Sorgen beiseite. Als der Chor einsetzte, schlich sich eine Freudenträne in seinen Augenwinkel. Wie sehr ihn dieser Beginn immer wieder mitriss!

»Jauchzet, frohlocket, auf, preiset die Tage, rühmet, was heute der Höchste getan! Lasset das Zagen...«

Walther fasste Mut. Ja, was sollte das Zagen? Gerda hatte bisher immer gut auf sich selbst aufpassen können.

In ihrer Ehe war immer sie die Starke gewesen. Sie würde es sicher noch zum Konzert schaffen.

Plötzlich war ihr Gesicht wieder ganz präsent vor seinem inneren Auge. Er lauschte der Musik und lächelte in sich hinein. Im Rhythmus der Musik leicht nickend, drehte er den Kopf und schaute über die dicht besetzten Bänke im Hauptschiff vor ihm. Keiner von seinen Freunden war auszumachen. Früher hatten sie sich immer im Konzert getroffen und waren danach noch über den Weihnachtsmarkt geschlendert. Egal, ohne Gerda würde er sowieso nirgendwo hingehen.

Gerda mochte den Glühwein nicht. Sie stand dann immer tapfer ohne Bechertasse daneben und schmiegte sich an seine Seite. Wieder wurde ihm der freie Platz neben sich bewusst. Die nachfolgenden Rezitative nahm er kaum wahr. Seine Hand legte sich wie von selbst auf die leere Sitzfläche neben sich, als könnte er so Kontakt zu seiner Gerda aufnehmen.

Perlende Töne der Oboe ließen ihn aufhorchen, Einleitung zu seiner Lieblingsarie.
»Bereite dich, Zion, mit zärtlichen Trieben, den Schönsten, den Liebsten bald bei dir zu seh'n! «
Die Stimme der Alt-Solistin ähnelte Gerdas Tonlage. Plötzlich war der Schleier weggezogen. Er erinnerte sich an alles: die Erkrankung, das schnelle Ende, die Beerdigung. Gerda würde nie mehr auf ihrem Platz neben ihm sitzen!
»Ich warte auf dich!«, hatte sie zum Abschied geflüstert. Walther flossen die Tränen herunter. Er verbarg sein Gesicht hinter den Händen und sank mit dem Oberkörper nach rechts. Da wo Gerda hätte sein sollen. Still bebten seine Schultern. Wie sehr er jetzt ihre tröstenden Hände gebraucht hätte!

Er spürte eine Berührung an seinem Rücken und blickte auf. Der Alte von der Reihe vor ihm stand über ihn gebeugt, umfasste seine Schultern. Jetzt schob er sich auf den Platz, der für Gerda reserviert war, Walther in sanftem Griff. Er nickte Walther gütig zu und zog ihn leicht zu sich. Walther war verwirrt, aber er brauchte den Trost. Seine Stirn sank dem Fremden auf die Schulter und er ließ den Tränen freien Lauf.

»Walther, ich bin's, der Erwin!«‚flüsterte es in Walthers Ohr.»Wir vermissen Gerda auch schrecklich!«

Walther nickte nur stumm, ohne den Blick zu erheben.

»Im Anschluss kommst du zu uns, ja? Maria hat Gänsekeulen vorbereitet, nach Gerdas Rezept.«

Walther richtete sich auf und sah den Freund durch Tränenschleier an.Er holte ein Taschentuch hervor und tupfte die Augen trocken.

»Danke,Erwin,es geht wieder«, antwortete er schließlich mit fester Stimme.Walther war sich sicher, Bach hatte es so nicht gemeint, aber er freute sich darauf, die Liebste wiederzusehen. Er war nun bereit.

Feliz Navidad oder die Gestrandeten
Katharina Schiller

Kamera läuft, ruft die Kamerafrau.
»Bitte!«, fordert der Regisseur.

Wolfgang, in einem weißen T-Shirt und
mit einem deutlich sichtbaren Gold-
kettchen um seinen kräftigen Hals,
wendet sein braungebranntes, lach-
falten gegerbtes Gesicht der Frau
neben sich zu: »Auch wenn wir uns
schon von der Sprachschule kennen,
so wissen wir doch wenig voneinander.
Und heute am Heiligen Abend sitzen
wir hier zusammen. Das verbindet,
finde ich. Ich schlage vor, jeder von uns
erzählt ein bisschen über sich. Anna,
fängst du an?«

An einem rechteckigen Tisch auf der
erhöhten Plaza del Charco in Puerto de
la Cruz sitzen fünf Personen.

Sie sind bereit für ihren Einsatz. Alle Figuren stammen aus meinem Buch »Neue Heimat Süden«.

Zu meiner großen Überraschung hält es sich seit Monaten an dritter Stelle auf der Bestseller-Liste und wird jetzt verfilmt.

Als Autorin hat man mich zu den Dreharbeiten nach Teneriffa eingeladen. Ich bin aber nur Zuschauerin, habe kein Mitspracherecht.

Die Kamera schwenkt auf die vier riesigen Palmen, die den Platz dominieren. Lichterketten winden sich wie funkelnde Schlangen um die dicken Stämme.

In der plötzlich einfallenden Dunkelheit beleuchten sie sanft die im leichten Wind träge schaukelnden Palmenwedel.

Weiter wandert die Kamera zu den Metallketten, die wie Girlanden über den Wegen rings um die Plaza del Charco baumeln und deren Buchstaben im Dezember grell aufleuchten: »Feliz Navidad«, darunter »Felices Fiestas«. Weihnachten auf Teneriffa, laut und bunt. Alles scheint in dieser Zeit aus Licht und Farbe zu bestehen.

Die Kamera richtet sich auf die Schneelandschaften, Schlittschuhläufer, Kinder in Zipfelmützen auf Schlitten in den Schaufenstern, auf den Balkonen sowie vor den Restaurants, die diesen Platzeinrahmen.

Weiße Weihnacht als Sehnsuchtsbild! Dazu klingt aus den offenen Läden und Bars unaufhörlich fröhlich, kanonartig das Lied »Feliz Navidad« in die warme Nacht hinein.

Anna, in weißer Bluse und Jeans, streicht die langen graphitgrauen Haare mit der rechten Hand hinter die Ohren. Dann richtet sie ihre kühlen grauen Augen auf Wolfgang: »Ja, was soll ich jetzt sagen. Ich heiße Anna, das wisst ihr schon. Ich stamme aus Emden, hab mich irgendwann in einen Italiener verliebt, bin mit ihm nach Sardinien gegangen. Da hab ich zwei Kinder gekriegt, die Christina und die Margarita. Sie sind noch bei meiner Schwiegermutter in Italien. Der Luigi, mein Mann, hat mich vorgeschickt. Wir wollen hier was Neues aufbauen. Ich soll mich schon mal umschauen, spanisch lernen, Kontakte machen. Luigi kommt bald nach, muss nur noch einiges erledigen. Bald ist er da.« Sie trinkt hastig einen Schluck von ihrem Café natural.

Mary, die Anna gegenüber sitzt,

fängt leise an zu sprechen. Ihre sehr blonden Stoppelhaare unterstreichen ihre kleine, drahtige Figur:»Ich bin die Mary aus Hamburg. Mein Mann war Kapitän. Aber jetzt ist er tot und ich bin Witwe. Da hab ich gedacht, was soll ich allein im kalten Hamburg. Die Kinder sind erwachsen, führen ihr Leben. Da ist kein Platz für mich. Eigentlich bin ich Malerin. Früher hatte ich nie Zeit dafür. Nachdem Tod meines Mannes hab ich mir gesagt, jetzt oder nie. Und meine Wahl fiel auf Teneriffa. Hier gibt es alles,Uniklinik, den grünen Norden,den heißen Süden und die Insel ist groß genug, um keinen Inselkoller zu bekommen. Das Licht, die Wärme, das Meer, das hat mich schon immer gelockt.«

Sie schaut hinüber zu Günter, der sie ununterbrochen anblickt. Günter sitzt schlank und aufrecht da.

Er grinst, fährt mit einer Hand über seinen glänzenden nackten Kopf, streckt sich und übernimmt, immer noch Mary anstarrend: »Ihr wisst ja, wie ich heiße. Geboren in Krefeld und dort hab ich auch immer gelebt. Als ich in Rente ging, bekam ich die Diagnose Leberzirrhose… na ja, wahrscheinlich hab ich doch zu viel Alkohol in meinem Leben getrunken. Hat jedenfalls meine Ex immer gesagt. Und deshalb ist sie auch gegangen. Ja und dann hab ich mich gefragt, was ich noch kriegen kann vom Leben. Immer schon war mein Traum, im Süden zu leben. Ein Freund gab mir die Adresse von Wolfgang. Da hab ich alle Brücken abgebrochen und bin hierher. Seitdem rühre ich keinen Alkohol mehr an. Es geht mir gut…tolles Leben hier, schöner Strand, schöne Frauen!«

Er lächelt noch einmal deutlich zu Mary hinüber. Auch sie mustert ihn.

Ihr Blick ist aufmerksam freundlich. Die rundliche Marga, in ein sie umfließendes, fliederfarbenes Kleid gehüllt, nimmt einen Schluck aus ihrem mit Bier gefüllten Glaskrug, bevor sie spricht: »Kurz erzählt! Ich heiße Marga und lebe allein auf der Insel. Mein Mann und ich, wir haben uns getrennt. Er wohnt weiter in Frankfurt. Nie hatte er Träume. Wir verkauften die gemeinsame Wohnung zu einem sehr guten Preis und teilten uns das Geld. Mit meiner Rente dazu kann ich gut leben. Es gab also keinen Grund mehr, mir meinen Traum vom Süden nicht zu erfüllen. Ganz neu beginnen wollte ich nach der Scheidung. Anderer Ort, andere Menschen, anderes Leben. An Teneriffa hatte ich viele schöne Urlaubserinnerungen. Und so suchte ich dort. Mitten in Puerto, oben in San Antonio, fand ich eine Einzimmerwohnung mit kleinem Balkon.Mehr als eine Teeküche brauche ich nicht.

Ich genieße die Wärme hier, kann immer draußen sein.

Einfach herrlich! Jeden Abend geh ich zur Calle Generalissimo und spiele Bingo. «Da sie nun schweigt, ergreift Wolfgang wieder das Wort: »Okay. Dann komme ich jetzt dran. Ich bin Düsseldorfer, durch und durch. Im Ürigen - kennt ihr das? -hab ich als Kellner gearbeitet. Malocht mein Leben lang. Dass ich schwul bin, habt ihr bestimmt schon gemerkt?! Und als ich meine Rente bekam, nicht viel, gerade ausreichend, hab ich mich entsch-lossen, auf die Insel zu kommen. Hier darf man anders sein. Außerdem kann ich mir jetzt viel mehr leisten. Jeden Morgen geh ich zum Strand, schwimme, treffe Leute, geh auf ein Bier in die Strandbar, und abends gönne ich mir noch eins im Köpi. Manchmal verdiene ich mir ein bisschen dazu, fahre Düsseldorfer

Freunde, die hier Urlaub machen, über die Insel. Sightseeing eben. Ja und ich warte auf Kläuschen, mein Liebchen.

Ist ein paar Jährchen jünger als ich. Muss noch arbeiten, kommt aber, sobald es geht, nach. Ich richte schon mal alles schön her, schau nach einem Job für ihn. Er ist Frisör. Das kann er ja hier genauso machen!«

Wolfgang macht eine Pause, schaut im Kreis herum: »Ich schlage ein Spiel vor. Jeder sagt in höchstens zwei Sätzen, was er sich erträumt, was er noch erwartet vom Leben. Anna, fang du doch wieder an.«

Anna schaut überrascht auf: »Traum? Vielleicht, dass Luigi bald nach kommt mit den Kindern und wir wieder eine richtige Familie sind.« Sie bricht ab. Tränen schießen aus ihren Augen:

»Ach,es stimmt ja alles nicht. Luigi wird nicht kommen. Er sitzt im Gefängnis. Was weiß ich, warum, irgendwas mit Geld. Und ich musste weg, das hat er jedenfalls gesagt. Und so bin ich Hals über Kopf geflüchtet, ohne die Kinder. Hierher. Jetzt suche ich Arbeit. Ich muss doch leben!«Mary steht auf und geht zu Anna, legt einen Arm um ihre Schultern: »Leicht war mein Leben auch nicht. Mein Mann hat mich betrogen, immer wieder. Jetzt erst, seit er tot ist, kann ich so leben,wie ich will. Eigentlich bin ich auf diese Insel geflüchtet. Weg von allem Alten. Viel Geld habe ich auch nicht. Vielleicht kann ich mal ein Bild verkaufen. Einsam fühle ich mich oft, auch hier. In meiner Souterrain-wohnung, wo es immer dunkel ist. «Sie weint nicht, schaut aber traurig in die Runde.

Günter nimmt seine Nickelbrille ab,

reibt seine Augen: »Dann kann ich`s ja auch zugeben. Ich bin nach Teneriffa gekommen, um hier eine Frau zu finden, die ein bisschen mehr Geld hat als ich. Meine Rente reicht kaum zum Überleben. Zu zweit, mit mehr Kohle, könnten wir ein flottes Leben führen, und ich wär nicht mehr allein. Alleinsein ist scheiße!«

Jetzt ist Wolfgang an der Reihe. Seine Augen wirken plötzlich wässrig blau: »Also, wenn ihr alle so ehrlich seid, dann will ich euch auch was beichten. Mein Kläuschen wird nicht nachkommen. Er hat mir gerade geschrieben, dass er sich in Düsseldorf neu verliebt hat und dort bleiben wird. Nix mit Traum vom Leben zu zweit unter Palmen.«Und dann fängt er an zu heulen, der große, starke Mann mit dem goldenen Kettchen. Wahrscheinlich, weil er schwul ist, traut sich keiner, ihn tröstend zu umarmen.

»Danke«, ruft der Regisseur den Schauspielern zu. »Das haben wir im Kasten. Kurze Pause, dann die letzte Szene.«

Wenig später geht es weiter. Sie haben sich umgesetzt. Mary sitzt neben Günter. Anna neben Wolfgang. Marga zwischen den beiden Paaren. Sie ist es auch, die sich erhebt und spricht:»Jetzt hört aber auf zu jammern. Es ist Weihnachten. Ihr seid gesund, habt ein neues Leben angefangen. Wer so viel Mut hat, der wird seine Probleme schon auf die Reihe kriegen, irgendwie. Neues Leben, neues Spiel. Jetzt sitzen wir gerade draußen unter Palmen. Schaut euch um, alles ist bunt, laut und fröhlich. Wir können uns ein Bier leisten und vor allem, wir sind nicht allein. Ich spiele doch auch nur jeden Abend Bingo, damit ich unter Leuten bin. Zuhause grübele ich über alles Mögliche. Über das, was ich nicht mehr ändern kann...

Statt zu sehen, was noch geht.«

Sie zögert, spricht dann weiter mit
einer Stimme, die keinen Widerspruch
duldet: » Schluss mit Selbstmitleid!
Ändert euren Blick,seht nach vorn.

Lasst uns leben, lasst uns feiern,lasst
uns auf fröhliche Weihnachten
anstoßen!«Und sie erhebt ihren
Glasbierkrug. Alle stoßen ihre Jarras
sanft aneinander,Günter berührt mit
seinem kleinen Wasserglas die Gläser
der anderen. Anna, deren Augen
aufblitzen, tippt sie mit ihrer Espresso-
tasse an und ruft: »Salud! Feliz
Navidad, fröhliche Weihnachten!«

»Siempre juntos! Für immer
zusammen! Gemeinsam das Leben
leben! Vive la vida,vive Tenerife!«
fordert Mary mit der Stimme einer
euphorisierten Politikerin, die jetzt ihre

Chance sieht, einige gerade erworbene spanische Wörter anzuwenden. Alle wiederholen es mehrmals.
Mit jeder Wiederholung werden ihre Stimmen lauter und fester.

»Aus! Danke!«, brüllt der Regisseur.

Und trotzdem ist Weihnacht

Antje Koller

Leis fällt der Schnee im Peiner Land
Man träumt von Weihnacht schon
Doch spüre ich in der heutigen Zeit
Auch gar manchen bitteren Ton

Die Unbeschwertheit ist verloren
In des tristen Alltags Müh und Last
Was nützt dir all das Weihnachtssingen
Wenn du kaum Geld zum Heizen hast

Die Geschenke werden kleiner
Weil es für große nicht mehr reicht
Durchs TV ziehen Bilder vom Krieg
Und der Flüchtlingsstrom nicht weicht

Ausgeträumt, der Traum vom Frieden
Was ist nur los auf dieser Welt
Kann man sich noch darauf besinnen
Was im Leben wirklich zählt

Ach, ich sehne mich so danach
Wie Weihnacht früher einmal war
Zauberkerzen,Friedensflamme
War das nicht einfach wunderbar

Auch schon früher gab es Kriege
Schlechte Zeiten, Not und Leid
Trotzdem gab es Weihnachtssingen
Selbst Kummer wich in dieser Zeit

Fest des Friedens und der Liebe
Kinderaugen, oh wie strahlen sie
Schnee fällt über Bombenkrater
Des Menschen Träume sterben nie

Blick geht still hinauf zum Himmel
Schaut nachdenklich die Sterne an
Leise Hoffnung tief im Herzen
Dass wieder Weihnacht werden kann

Mal aus dem Trott

Lutz Tantow

Vorbereitungen treffen. Letzter
Hausputz des Jahres. Baum kaufen.
Passt nicht. Erster Streit!
Nett zu den Schwiegereltern sein. Die
Kinder kriegen das Falsche geschenkt.
Zweiter Streit! Kirchgang? Besser nicht.
Sollen die Kinder ein Gedicht aufsagen?
Was auf der Blockflöte spielen? Wird
gesungen? Oh, Gott! Und hinterher?
Wenn die Gäste wieder gehen, ist es
auch ganz schön! Zu viel gegessen, zu
wenig Bewegung. In die Stadt,
Geschenke umtauschen. Draußen
Schneematsch statt weißer Weihnacht.
Doch noch mal ein aller letzter Haus-
putz des Jahres. Was machen wir
Silvester? Die Kinder knallen dieses Jahr
nicht! Lass' sie doch –ist doch nur
einmal pro Jahr! Dritter Streit!

Warum tun wir uns das jedes Jahr wieder an?

»Schatz, ich denke, dieses Jahr machen wir das ganz anders!«

Sonja ging in die Offensive. »Was hältst du davon, wenn wir dieses Jahr Weihnachten mal verreisen? Mal ein ganz anderes Programm. Sonne und Meer statt Kälte und Schnee. Was meinst du?« Maik war nicht abgeneigt. Zumal ihr Sommerurlaub dieses Jahr ins Wassergefallen ist. Wegen Opa Bernd. Dessen Tod und Begräbnis, anschließend die Entrümpelung et cetera hatte ihnen und vor allem den Kindern die Ferien zerschossen. Aber er hatte ihnen ein bisschen was vermacht, so dass sie sich einen Weihnachts-urlaub durchaus leisten könnten. Doch Mallorca und so wird nicht ausreichen, wenn man es warm haben will. Da müsste man schon auf die Kanaren oder so. Sonja hatte sich kundig

gemacht und sagte nur»Lanzarote«.
»Ach ne, du bist vorbereitet? «–»
Allmählich dürftest du mich kennen:
Seit wann ziehe ich unvorbereitet in
eine Schlacht?«
Costa Teguise, Strandbungalow in
einem Ferienressort mit Poollandschaft
und Halbpension.»Da muss ich nicht
mal kochen!«–
»Okay! Ich google das gleich mal.«

Die nächsten zwei Stunden war Maik in
die Wunderwelt der Reiseveranstalter
abgetaucht, träumte sich weg unter
Palmen und dachte die ganze Zeit:
warum haben wir so etwas nicht schon
mal früher gemacht! Aber das meiste
und schönste war natürlich so spät im
Jahr längst ausgebucht. »Was ich hier
finde ist ein Feriendorf Hyde Park
Lanein Puerto del Carmen, schau
mal!«Sie sahen sich das an, rechneten
hin und her, weihten ihre Kinder ein,
verstanden es großartig, das

Unternehmen schmackhaft zu machen und wurden schließlich handelseinig. Zunächst sah alles danach aus, als würden die Wünsche der Kleinfamilie voll und ganz erfüllt. Start in Hannover bei Temperaturen um den Gefrierpunkt, Schneematsch, Regen, ungemütlich.Fünf Stunden später, Arrecife, Sonnenschein, 24 Grad. Die Kinder nahmen den Bungalow in Beschlag, starteten eine Expedition zum Strand und vergnügten sich anschließend mit dem Schwimmkrokodil im Pool. Die Eltern hatten Ruhe –herrlich! Abends zogen alle vergnügt in eine Pizzeria in der Nähe der Anlage, gut, nicht gerade typische Küche für die Kanaren, sagen wir: international. Anschließend fielen alle erschöpft in die Falle. Die nächsten Tage? Geplant waren Strand, Pool, Ausflug zu Cesar Manrique, ein Kamelritt durch die Wüstenlandschaft.

Die Wüste hatten die Kinder bereits aus der Luft bestaunen können. Denn der Flieger nahm eine Route von der iberischen Halbinsel zunächst über Marokkos Westküste hinunter, und unten war alles ockerbraun. Philip bettelte, er wolle zum Piloten nach vorn, und tatsächlich wurde er erhört. Natürlich durfte er seine kleine Schwestermitnehmen oder, wie er sagen würde,musste! Und er kam ganz aufregt wieder. Während Laura nur tausend bunte Lichter im Cockpit blinken sah,als ihnen der Co-Pilot erklärte, sie flögen gerade über Afrika, behauptete Philip steif und fest, er habe Löwen gesehen. Die Eltern staunten und ließen ihn in dem Glauben. Aus ihren Plänen wurde nichts! Als sie am zweiten Tag früh erwachten, regnete es.
Das sei das erste Mal in diesem Jahr, sagte Miguel an der Rezeption.

Man hätte schon Wetten abschließen wollen, ob es das erste Jahr ohne einen Tropfen geben würde – und er lachte. Sonja und Maik war nicht zum Lachen zumute, Philip und Laura schon gar nicht! Was war da los im Frühstücksraum? Das Hotelpersonal spannte doch tatsächlich grüne Plastik-Girlanden kreuz und quer. Vor der Panorama-Glaswand zum Pool hin wurde ein imposanter Weihnachtsbaum geschmückt. »Guck mal, Mama!« Da hätten wir ja auch ins Allgäu fahren können, dachte Sonja. Und beschloss, nicht weiter darüber nachzudenken.

Der Regen hörte nicht auf und wurde immer mehr. Aber es blieb warm dabei.Man muss das Positive sehen, meinte Maik, schnappte sich den Spielekoffer und schlug vor, ins Restaurant zurückzugehen, denn die Terrasse ihres Bungalows stand schon halb unter Wasser.

Während die Hotelangestellten weiter fleißig Christbaumkugeln und Lametta anschleppten, auf riesige Trittleitern kletterten und alles an der Decke befestigten, gab sich unsere Klein-familie jeweils zwei Partien Halma, Malefiz und Mensch-ärgere-dich-nicht hin. Zwischendrin holte sich Sonja dann doch ihre Strickjacke und brachte den Kids Sweatshirts mit. »Übrigens steht unsere Terrasse jetzt ganz unter Wasser!«

Maik hatte gegoogled und heraus-gefunden: »Um15 Uhr soll es aufklaren!« Tatsächlich hörte der Regen auf –oder machte er nur eine Pause? Maik sprang geschwind zum Bungalow rüber und holte sich eine Jacke, den Kindern ihre Basecaps und für Sonja einen Anorak –und dann ging's ab zum Strand! Der stand fast vollständig unter Wasser.

In einer Senke hatte sich gar ein regelrechter See gebildet.

»Ich kenne das«, meinte Sonja, »von den Urlauben, als ich noch Kind war, mit den Eltern an der Ostsee!« Aber hier fehlten eindeutig die Strandkörbe. Zumal gerade jetzt, als Wind aufkam. »Lasst uns zurück in unseren Bungalow gehen«, schlug Sonja vor. Und Philip meinte »prima«, dann könne er seine Schaufel holen!

Denkste! Alle Zuwegungen waren jetzt überschwemmt. Offenbar war die Kanalisation darauf nicht vorbereitet. Sie mussten die Schuhe ausziehen und bis zu ihrer Türe waten. Noch auf dem Wegkam der Regen zurück. Dies mal mit Windböen. »Mich kriegen hier keine zehn Pferde wieder raus!«Sonja rubbelte die Kinder trocken und knipste den Fernseher an. Gottlob gab es deutsche Programme, womit Laura und Philip ruhiggestellt werden konnten.

Jedenfalls eine gewisse Zeit. Nicht, weil das TV-Programm irgendwann langweilig wurde, sondern weil der Strom ausfiel. Der Herd funktionierte mit Gas, so hatte Sonja noch schnell Hagebuttentee kochen können –und für sich einen Beruhigungstee!

Das Abendessen wurde ihnen in Körben bis zur Bungalow-Tür gebracht, von Personal in Ölzeug. »Ist das ein Abenteuer«, schwärmte Maik scheinheilig. Und Sonja pflichtete sarkastisch bei: »Fast wie in`ner Jugendherberge!«

Als sie am dritten Tag erwachten, sagte Sonja, Maik möge bitte mal zur Rezeption gehen und fragen, wo die Möbel von der Terrasse geblieben seien. Er kam schneller zurück als erwartet: Die lägen im Pool, zusammen mit anderen Ausstattungsgegenständen.

»Und Frühstück fällt heute aus.«Man habe nichts geliefert bekommen. habe eine Überraschung für euch«, sagte der Papi seinen Kinderlein. »Heute Nachmittag kommt der Weihnachtsmann! «Tatsächlich: Sie hatten sich wieder in den Frühstücksraum »verholt«, wo ein Notstromaggregat, wohl das einzige weit und breit, auf Hochtouren lief. Es gab warme Getränke, Kaffee, Tee, Kakao aufs Haus. Die Kinder tobten zwischen Tischen und Stühlen. Aus der Lautsprecheranlage dudelten Weihnachtslieder in fremden Sprachen, deren Texte sich über die Melodien erschließen ließen: Stille Nacht, Ihr Kinderlein kommet, Macht hoch die Tür, oh Tannenbaum! Dann kam die Durchsage, alle sollten in die Rezeption kommen, es sei Zeit für die Bescherung.

Die Hotelauffahrt nahmen vier weiße Golf Cabrios und ein älterer, roter

Volkswagen-Bulli. In den sportlichen Cabriolets saßen noch sportlichere blonde Engel, leicht bekleidet, die nicht geeignet waren,den Kids Respekt einzuflößen, wohl aber durchaus imstande, die Phantasien der männlichen Gäste zu beflügeln und zu verwirren. Die meisten hatten einen derartigen Aufgalopp zuvor bestenfalls beim Durchblättern eines »Playboy«-Magazins gesehen. Wallende Locken im Wind, paralysierte Familienväter, aufgebrachte Urlaubs-Mütter. Wenigstens der Weihnachtsmann, der dem VW-Bus entstieg, wirkte manierlich. »Mensch, hat der einen geilen Job«, sagte Maik kleinlaut!

Immerhin hatte Santa Claus für jedes Kind eine Kleinigkeit dabei und die unmissverständliche Ankündigung, die eigentlichen Weihnachtsgeschenke würde man im Kamin des jeweiligen Bungalows finden.

Bungalows finden. Damit war die Party zu Ende. Denn jetzt eilten alle – in der bekannten 16 Uhr Regenpause – verständlicherweise heimwärts.Und packten aus. Und waren auch deshalb zufrieden, zumal mitten in der Bescherung der Strom zurückkehrte …der Regen allerdings auch. Auf dem Handy meldeten sich die Schwieger-eltern, schwärmten von der weißen Weihnacht in Deutschland und gaben ihrer Hoffnung Ausdruck, dass »ihr es ja da unten in der afrikanischen Sonne auch ganz nett habt«. Noch! Denn ein Tiefdruckgebiet sei im Anmarsch, sie sollten sich warm anziehen. Frohes Fest weiterhin!Insgeheim zu meinen, das besagte Tiefdruckgebiet sei bereits da oder womöglich gar schon durch,wäre völlig verfehlt gewesen. Das Bisherige war erst der Anfang. Es wurde immer schlimmer. Irgendwann war das Wasser in die Bungalows eingedrungen.

Macht hoch die Türeinmal anders. Der Regenmassen und Windböen wurde man nicht mehr Herr!

Die Hotelleitung kapitulierte, der Manager war verschwunden, niemand wusste, was zu tun sei. Eine beherzte TUI-Tante ergriff die Initiative. Zwei Tage hielten Sonja und Maik mit Laura und Philip noch durch und wacker die Stellung. Dann Abbruch, Evakuierung, sie wurden ausgeflogen. Germany hatte sie wieder. Die Kinder bauten draußen eingemummelt in Skianzügen einen Schneemann nach dem anderen.Die Eltern schworen Stein und Bein: Südliche Weihnacht – nie wieder!
Von wegen einmal raus aus dem Trott. Und Philip rätselte, woher der spanische Weihnachtsmann wohl wusste, welche Playmobil-Figur genau er sich gewünscht hatte.

Die himmelblaue Spieluhr

Katharina Schiller

Die Tür zum Wohnzimmer öffnet sich. Ein golden leuchtender Tannenbaum strahlt uns Kinder an. Wir stürzen uns auf die bunt verpackten Geschenke unter dem Baum. Aus grün-rotem Papier wickele ich etwas kleines Rundes aus. Auf himmelblauem Grund blitzen goldene Sternchen. An der Seite lugt ein winziger metallener Hebel hervor. Ich drücke darauf, und es erklingt die Melodie von »Schneeflöckchen, Weißröckchen«.
Entzückt von diesem wunderbaren Geschenk schaue ich meine Eltern dankbar an. Es bleibt mein über alles geliebtes Weihnachtsgeschenk.
Bis meine Mutter mir erzählt: »Dein Vater hatte vergessen, dein Weih-nachtsgeschenk abzuholen. Kurz vor Geschäftsschluss fand er nur noch diese Spieluhr.«

Doppelte Weihnacht

Silke Groth

Nicht schon wieder. Ich will keine Socken verschenken. Frida ließ den Blick durch den Buchladen wandern. Das Regal mit den Socken lockte zwar, aber deswegen war sie nicht hier. Sie hatte noch immer nicht alle Geschenke zusammen. Das bunte Socken-Regal ließ sie links liegen. Morgen war der Heilige Abend und ihre Eltern hatten sich für heute angekündigt. Es gab soviel zu erledigen. Sie hatte noch immer nicht alle Geschenke zusammen. Ihr fiel einfach nichts ein. Der Stress auf der Arbeit, die Vorbereitungen für die Weihnachtsfeier ließen sie nicht klar denken. Wenn es jemanden gäbe, der ihr freie Zeit verschaffen würde, damit sie gute Geschenke aussuchen könnte. Aber nein, sie musste das allein schaffen. Etwas für ihren Ehemann, ihre Mutter und ihren Vater. Das sollte doch möglich sein. Vielleicht wurde sie hier fündig. Dieser Buchladen war bekannt für außergewöhnliche Veröffentlichungen. Sie dachte an eine Sonderausgabe von einem berühmten Autor, der Frida schon wieder entfallen war. Das würde den Vater freuen und für Mutter ein besonders schönes Buch mit großer Schrift. Aber was soll sie nehmen? Frida schwitzte. Es war völlig überhitzt im Laden. Der Geruch frischer Bücher und das Gedudel der Weihnachtsmusik lullten sie zudem richtig ein. Da entdeckte sie vordem Regal mit den Fantasyromanen einen lilafarbenen Großvatersessel. Einladend, wie für Frida hingestellt. Eine Minute verschnaufen, das muss mal sein, dachte sie, und schon ruckelte sie sich im Sessel zurecht. Doch deswegen war sie ja auch nicht hier. Sie brauchte noch Geschenke.Was sollte sie ihrem Vater schenken?

Das Buch mit der Geschichte über den ersten Braunschweiger Bahnhof hatte sie ihm vor zwei Jahren geschenkt. Mutter hatte Strickhefte bekommen. So etwas durfte ihr nicht wieder passieren,Mutter hatte nur säuerlich gelächelt, weil Frida vergessen hatte, dass ihre Mutter an Arthrose in den Fingern litt. Dieses Jahr würde alles besser, nahm sie sich vor.Aber gerade wares zu gemütlich in diesem Sessel. Ein lila Polstermöbel. Was also sollte sie kaufen? Wo blieb Jo? Ihr Mann könnte ihr ruhig mal ein paar Tipps geben.Oder jemand anderes verschaffte ihr die nötige Zeit.

»Da bist du ja.«Ein feuchter Kuss auf die Stirn weckte Frida. Hatte sie geschlafen? Wieso küsste Josie auf die Stirn?Wo kam er plötzlich her? Sie konnte sich beim besten Willen nicht mehr daran erinnern, weshalb sie hier im Sessel saß.

Sie blickte auf ihr Smartphone. Zwei Anrufe in Abwesenheit, die Arbeit. Frida überlegte kurz zurückzurufen, entschied sich aber, auf einen dritten Anruf zuwarten.

»Wo sollte ich denn sein? Wo warst du denn gewesen? Du wusstest doch, dass ich den neuen Buchladen ausprobieren wollte. «Jo reagierte nicht wie erwartet, mit Ausreden und Erklärungen, sondern begann sonderbarerweise wirres Zeug zu reden.» Du hast mich doch vorhin zum Weihnachtsbaum kaufen geschickt und nun bin ich hier. Und überhaupt,wieso bist du nicht mehr ans Handy gegangen?«, wollte er wissen.

»Nur durch Zufall entdeckte ich dich hier im Sessel. Übrigens fest schlafend. «Frida runzelte die Stirn. Sie dachte angestrengt nach. Länger als zwanzig Minuten hatte sie sicherlich nicht geschlafen.

Jo in seinem dicken schwarzen Anorak

ging zappelig wie eine Marionette ohne Schnüre vor ihr auf und ab.

»Ich habe dich …, du wolltest doch …bezüglich Weihnachten in Familie und so weiter. Ehrlich Frida, manchmal verstehe ich dich nicht. «Er holte tief Luft. Frida wartete auf eine Erklärung, doch die kam nicht. Er sah wirklich etwas durcheinander aus.Bestimmt gefiel ihm die Weihnachtsmusik nicht. Oder mochte er nicht, dass sie mal ein paar Minuten nichts tat, außer still zu sitzen? Sie hievte sich aus dem Polstersessel. »Ich weiß einfach nicht, was ich Papa schenken soll. Socken auf keinen Fall,vielleicht ein Buch über Peine?«
Jo antwortete nicht darauf, ihn trieb ein anderes Problem zu einer neuerlichen vorwurfsvollen Nachfrage: »Wieso hast du eigentlich plötzlich einen roten Schal um? Als du mich zum Weihnachts-baumkauf

geschickt hast, war dein Schal blau.
«Jo blickte fast erschrocken zu ihr hin.

Frida stutzte. »Schatz, den hast du mir doch erst vor Kurzem geschenkt, natürlich trage ich ihn. Den blauen Schal hatte ich doch irgendwo in der Stadt verloren, erinnerst du dich?«Er schnaufte kurz und sagte: »Ähm, es tut mir leid, ich glaube, ich muss hier raus. «Jo drehte sich von ihr weg, war schon fast am Eingang. Frida sprang ihm hinterher.
»Warte, ein Buch nehme ich aber mit.«Sie schnappte sich einen Roman, den sie irgendwo auf einer Werbeanzeige gesehen hatte. Ob Jo sie gehört hatte? In letzter Zeit hörte er schlechter, was er natürlich nie zugeben würde.
»Ist gut, ich warte draußen. «Er drehte sich nicht noch einmal um, ging zielstrebig zum Ausgang. Er hatte sie also doch gehört.

Was der schon wieder hat, dachte
Frida. So verwirrt war er sonst nie.
Das müssen die ersten Anzeichen einer
Midlife-Crisis sein.

An der Kasse angekommen, wurde sie
von der Verkäuferin freundlich
angeschaut. Die sagte dann den
seltsamen Satz zu ihr: »Wollen Sie auch
noch das Buchmitnehmen, das sie
zurückgelegt haben? «Frida warf einen
Blick auf den Einband. Ein Buch über
Dekorationen im Wintergarten. »Da
irren Sie sich. Ich habe mir das Buch
nicht zurücklegen lassen. Ich möchte
nur das eine Buch hier. Das genügt.«

Draußen empfing sie nasskaltes
Schmuddelwetter. Jo stand vor dem
Buchladen. Frida hakte sich bei ihm
unter. »Die Verkäuferin wollte mir eben
ein Buch über Dekorationen im
Wintergarten verkaufen.«

Wir haben gar keinen Wintergarten.
Meine Eltern haben einen, fügte sie in
Gedanken hinzu. Seltsam, Frida
lockerte den Schal ein wenig und
blickte gedankenverloren
auf ihre Schuhe. Jo brummte nur. So
richtig ins Gespräch kamen sie beide
wohl nicht mehr, glaubte sie.
Kaum dass Frida den Schlüssel zur
Wohnung herumdrehte, klingelte schon
das Handy in ihrer Tasche. Nahm das
denn kein Ende? Natürlich war das
wieder ihr Vorgesetzter. Er blubberte
und krähte ihr ins Ohr, dass der
Abschluss nicht stimme, sie könne sich
Weihnachten abschminken, sie muss
die Zahlen noch einmal prüfen. Darauf
hatte Frida keine Lust. Wie sollte sie
denn die Eltern abholen, die Wohnung
schmücken, den Kuchen und das Essen
vorbereiten, wenn sie schon wieder
arbeiten musste? Jo hatte mitgehört.
Er legte seine Hand auf ihren Arm.

»Du hast schon so gut vorbereitet, ich denke, ich kann mit deinen Eltern den Rest erledigen.«

»Vorbereitet?«
Er nickte.»Ich geh und hole Manfred fahren.«Kurz darauf verließ Jo die Wohnung.
Seufzend knöpfte Frida den Mantel wieder zu, den sie gerade erst ausziehen wollte.Da sah sie durch die offene Küchentür eine Person mit einer sportlichen Hose und einer halben Schürze um den rundlichen Bauch gebunden.Sie summte vor sich hin, während sie am Herd hantierte. Die Figur und auch die Kleidung kamen Frida sehr bekannt vor. Sie erschrak bis ins Mark, denn die Frau sah aus wie sie selbst.
Beherzt griff Frida nach dem Regen-schirm, der friedlich in einem Schirm-ständer aus hellem Walnussholz neben der Wohnungstür stand.

Wie eine Stichwaffe hielt sie den Schirm vor ihren Körper. Sie würde die Einbrecherin überwältigen, dachte sie. Allerdings wäre es ihr lieber, wenn es sich nicht um eine gefährliche Person handeln würde, sondern nur um eine verwirrte Nachbarin, die sich in der Wohnung geirrt hatte.

Frida stürmte die Küche.

»Verdammt, wer sind Sie, was machen Sie hier? Sofort raus oder ich rufe die Polizei! «Ihre Stimme überschlug sich fast.

Die Person ließ eine Schüssel mit frischem Kuchenteig fallen. Sie hob die Arme in die Höhe. Jetzt aus der kurzen Distanz erkannte Frida sehr deutlich ihr Ebenbild, oder besser ihr Spiegelbild. Sie hatte vorhin schon geglaubt, sich selbst zu sehen, nun war dieses Gefühl Gewissheit geworden. Die Frau vor ihr könnte ihre Zwillingsschwester sein.

Da brüllte Frida wie ein wildes Tier:

»Um Himmels willen, wieso haben Sie mein Gesicht, haben Sie kein eigenes?« Mit dem Schirm umher fuchtelnd eilte Frida auf die Fremde zu, die ihr ähnelte wie ein Ei dem anderen. Dann holte sie aus, doch die Frau wehrte den Angriff gekonnt ab, hielt den Regenschirm selbst in der Hand. Frida staunte.

»Keine Angst«, sprach die Frau mit ruhiger Stimme. »Ich bin Runa, deine Doppelgängerin. Du hast mich gerufen,als du im lila Sessel eingeschlafen bist. Wer dort sitzt und noch nicht genug Geschenke eingekauft hat, bekommt einen Doppelgänger. Das ist so von der Buchhandlung erdacht worden. Sie haben den Zaubersessel gekauft, damit sie mehr Umsatz machen.«

»Ich habe noch nie so viel Blödsinn auf einmal gehört.«

»Gut, dann fragen wir deine Mutter gleich, ob sie nicht doch zwei Mädchen geboren hat. Sie wird ja in einigen Minuten kommen.«

»Nein, das traue ich ihr nicht zu. Ich war ein Einzelkind und bleibe es auch. Vielleicht haben wir denselben Vater?«

»Nein, Frida. Ich bin nur da, damit du Zeit zum Einkaufen hast. Wenn alles gekauft ist, bin ich verschwunden. Kann ich den Schirm wegstellen?«

Frida wusste nicht mehr weiter. Eine Person, die aussah wie sie stand in ihrer Küche, damit sie selbst alle Geschenke besorgen konnte. Was sollte noch Verrückteres passieren?

Ach ja, sie musste zur Arbeit. »Runa, hast du auch dafür gesorgt, dass der Weihnachtsbaum gekauft wurde?«

Runa stieß die Tür zum Wohnzimmer auf. Da stand der schönste Weihnachtsbaum, den Frida je gesehen hatte.

Er war sogar schon geschmückt mit den Kugeln aus ihrer Kinderzeit.

»Es fehlen nur noch die Geschenke.«

»Aber, aber was soll ich denn jetzt machen? Sie, oder soll ich lieber dich sagen, in der Küche arbeiten lassen und selber ins Büro gehen? «Frida fand das keine gute Lösung.

»Ja, und Geschenke nicht vergessen!

Das Buch über die Dekorationen im Wintergarten freut deine Mutter bestimmt.«

In Fridas Kopf herrschte Chaos. Einerseits wollte sie die Fremde verprügeln und raus werfen, andererseits war das ein furchtbar nettes Angebot.

»Also gut. Sie sehen genauso aus wie ich, niemand erkennt einen Unterschied. Nicht einmal Jo, wenn ich das richtig verstanden habe. Ich gehe einkaufen und zur Arbeit und werde schnell zurück sein. Dann sind Sie wieder verschwunden?«

»Genau so. Ich verschwinde, sobald alle Geschenke gekauft sind.«

»Also gut. Und dann bin ich wieder die Frida wie vorher und alles ist schön,Weihnachten in Familie.«
Runa nickte, holte die Handtasche für Frida und führte sie zur Wohnungstür. Draußen überlegte Frida kurz, was sie machen sollte, falls sie jetzt aus ihrem Leben, ihrer Wohnung und ihrem Mann entfernt wurde? Was, wenn sie plötzlich obdachlos wurde?
Ihr begannen die Knie zu zitterten. Sie ruckelte noch mal an der Wohnungstür, führte den Hausschlüssel ins Schloss ein. Die Tür öffnete sich einen Spalt, Runa stand dahinter und lächelte sie freundlich an. Mutig drehte sich Frida um, ging zur Treppe und hörte, wie die Wohnungstür sich wieder schloss. Wie auf Eiern lief sie die Straße zu ihrer Arbeit hin. Bis Ladenschluss würde sie nicht brauchen, hoffte sie.

Notfalls würde sie Socken kaufen.
Im Büro erwartete sie der Chef
ungeduldig. Frida dachte die ganze Zeit
nur daran, dass eine Fremde in ihrer
Küche stand und für die Familie sorgte,
die doch ihre war. Im Handumdrehen
und ohne Murren und Motzen erledigte
sie ihre Aufgaben, der Abschluss war
geschafft. Der Chef sagte kein Wort
mehr, ließ Frida einfach in Ruhe nach
Hause gehen. Es wäre schön,wenn das
immer so reibungslos verliefe, dachte
sich Frida auf dem Weg zu den
Geschäften in der Innenstadt. Sie
kaufte sich und Jo und ihren Eltern
schöne Dinge und eilte mit vollen
Taschen nach Hause.

Frida drehte den Schlüssel im Schloss
herum. Es knarzte. Die Tür wollte sich
nicht öffnen. Frida legte ihr Ohr an die
Wohnungstür. Drinnen lachten die
Eltern, Jo rief ihren Namen.Und sie
sagte, ich bin gleich wieder da.

Natürlich war das Runa. Frida zuckte zusammen. Die Tür öffnete sich, Runa zog Frida am Ärmel in den halbdunklen Flur. »Was ist los, irgendetwas stimmt nicht. Du bist noch da. Ich habe doch alles erledigt«, zischte Frida ihr Ebenbild an. »Nein,hast du nicht«, zischte dieses zurück.

»Frida, wo bleibst du denn? Der Wein ist offen, komm doch.«Jo hatte die Lampe eingeschaltet. Frida schubste Runa hinter die Garderobe mit den Wintermänteln ihrer Eltern. Glücklicherweise verstand Runa den Schubser und kauerte sich hin. Frida war erleichtert. Dann drehte sie sich zu ihrem Mann herum.
»Mach das Licht wieder aus, so dunkel ist es nicht.«

Frida ging auf Jo zu und stieß gleich-zeitig mit dem Fuß ihre Einkaufstaschen nach hinten zur Garderobe.

Noch einmal blickte Frida hinter sich. Runa war gut versteckt.Endlich löschte Jo das Licht, so dass nur noch ein schwacher Lichtstrahl von der Küche und dem Wohnzimmer in den Flur fiel. Jo fragte: »Wieso hast du eigentlich den Mantel an, wolltest du noch weg gehen?«

»Nein, ach was, so ist das nicht. Morgen ist schließlich Heilig Abend, ich war nur im Keller gewesen und habe die Geschenke geholt. « Frida merkte, dass sie nicht überzeugend lügen konnte.

»Im Mantel?«, fragte Jo.

»Nun ja,man weiß nie, wie kalt es sein kann im Keller.«

»Also weißt du. Wir wohnen im Neubau. Da ist es nicht sehr kalt.So, nun komm aber rein, wir wollen anstoßen.« Damit war das Thema für ihn beendet. »Gleich Jo, gleich.«

Frida zog den Mantel aus, schlich zu Runa hinter die Garderobe und flüsterte: »Wo bleibst du denn heute Nacht? du musst dich verstecken.« »Du musst etwas vergessen haben,lass mich nachher auf dem Sofa schlafen. Ich werde mich bis dahin verstecken. Euer Essen ist übrigens sehr lecker, da könnte ich mich dran gewöhnen.«Runa schien zulächeln. Frida konnte es nur erahnen.

An diesem Abend schob Frida ihre Doppelgängerin mal in die Abstell-kammer, mal hinter die Garderobe, fütterte sie mit Süßigkeiten. Dann unterhielt sie sich mit der Familie und fand alles recht lustig. Als die Schlafens-zeit anrückte, wurde es jedoch brenzlig für beide. Die Eltern waren im Gäste-zimmer und Frida stand im Bade-zimmer, als sie hörte, wie Jo ihrem Ebenbild Komplimente machte und sie bat, endlich ins Bett zukommen.

Als Frida aus dem Bad trat, war es dunkel und ganz ruhig in der Wohnung. Sie schlich vorsichtig zum Schlafzimmer. Als sich ihre Augen an die Dunkelheit gewöhnt hatten, sah sie Runa neben Jo liegen, der schon wie ein Bär schnarchte.Da beschloss sie,sich auf den Boden vor ihr eigenes Bett zu legen. Runa reichte ihr eine Wolldecke herunter. Am nächsten Morgen war Frida vor allen anderen aufgewacht. Sie zog Runa aus dem Bett. Beide schlichen sich in die Küche, tranken Kaffee und ließen einen Zettel für Jo auf dem Küchentisch liegen.»Komme gleich wieder. Muss noch was für heute Abend einkaufen.«Dann machten sich beide auf den Weg zur Buchhandlung. Der Zauber ging zu Ende, vermutete Frida.

Sie waren die ersten im Geschäft. Das Buch von der Dekoration im Winter-garten stand wieder in einem Regal.

Frida griff danach. »Ach, es war doch ein aufregender Abend gewesen gestern. Meinst du", begann sie ihre Frage, denn das musste Frida jetzt unbedingt wissen, „meinst du, du wärest mit Jo bis zum Äußersten gegangen?«

»Ach Frida, das ist doch gar nicht meine Aufgabe.«

»Das ist keine richtige Antwort.«

»Stimmt. Ich glaube, ich wäre dazu nicht fähig gewesen.«

»Er ist immer noch attraktiv.«

»Ich bin aber deinetwegen hier. Du solltest mal einen schönen Tag für dich haben und du solltest die richtigen Geschenke kaufen.«

»Weißt du, ich habe ziemlich viele schönen Tage verpasst.«

»Das ist nicht gut«, neckte Runa sie.

»Von nun an werde ich mich mehr um mich und um mein Wohlbefinden kümmern.«

»Das ist richtig gut.«Runa nickte. Im Buchladen säuselte gerade das Lied von Merry Christmas durch die Regale. Die beiden Frauen sahen sich in einem Spiegel. »Schön, dass ich dich nun habe.«

»Das finde ich auch. «Sie lächelten sich im Spiegelbild an.

»Runa, was machst du an Silvester?Willst du mich da nicht auch vertreten?Mir schwebt ein kleines Wochenende in Cuxhaven vor. So ganz allein.«

»Nur, wenn du dich vorher auf den Lesesessel setzt.«

»Lesen, was mir gefällt, nicht den anderen, das sollte ich auch mal wieder.« Frida seufzte.

Runa sprach weiter: »Du musst auch darüber nachdenken,warum du nicht genügend richtige Geschenke hast. Und dann musst du dir wünschen, dass dir jemand Zeit verschafft, sonst klappt das nicht.«

»Also um die richtigen Geschenke zu finden, brauche ich Zeit. Ich sage, dass ich jemanden brauche, der mir Zeit verschafft, dann kommst du, verstehe. Wohin gehst du jetzt? «

Runa antwortete nicht.

Das Spiegelbild veränderte sich. Runas Konturen verschwanden allmählich. Sie löste sich förmlich in Nichts auf. Leise und unauffällig. Frida bemerkte, dass Runa nicht mehr neben ihr stand. Traurig senkte sie den Kopf.

Die Verkäuferin wickelte das Buch über die Dekoration im Wintergarten ein und wünschte Frida ein schönes Weihnachtsfest.

Weihnachten allein

Antje Koller

Sie ist Weihnacht zuhause
Neunzig Jahre schon alt
Nur vor verschlossenen Türen
Macht das Virus noch halt
Da bring der Bote das Päckchen
Eine CD mit Videos darauf
Darin packen die Urenkel
Ihre Geschenke grad aus

Und sie singen gemeinsam
Für die Urgroßmama
Auch die Enkel und Kinder
Gerade so als wären sie da
Plötzlich ist da ein Lächeln
Und vertraute Musik
Ein Stern für die Hoffnung

Führt gegen Einsamkeit Krieg
Da füllt ihr Herz sich mit Wärme
Die gegen Traurigkeit siegt
Sieht sich vor vielen Jahren

Wie sie ihr Töchterchen wiegt
Das erste Mal Weihnacht alleine
Und doch sind alle bei ihr
Im nächsten Jahr hofft sie
Ist sie auch wieder hier

Plötzlich ist da die Liebe
Die sie niemals verbarg
Und das Licht all der Kerzen
Macht sie unendlich stark

Jetzt kann sie es spüren
Alle sind ihr so nah
Und plötzlich, ganz stille
Ist Weihnacht schon da

Der angepinkelte Weihnachtsbaum
Adolf Wissel

Emilia Weber fünfunddreißig Jahre alt,
Studienrätin am Gymnasium. Sie war
eine kleine zarte Frau, ging immer
leicht nach vorn geneigt, und in ihrem
Gesicht ein leichter verhärmter
Ausdruck zu finden.
Viel Glück mit Männern hatte sie in
ihrem Leben nicht gehabt. Friedo ihre
erste große Liebe, ihn hatte sie
während des Studiums kennengelernt,
war mit ihrer besten und auch einzigen
Freundin durchgebrannt. Herbert,mit
dem sie einige Zeit zusammen war,
hatte sich für eine reiche Witwe
entschieden. So war sie, etwas
frustriert, in die kleine Wohnung ihres
verstorbenen Vaters gezogen. Eine
Zeitlang lebte sie allein, zurückgezogen
in der Wohnung. Bis an dem hiesigen
Gymnasium die Stelle einer Konrektorin

ausgeschrieben wurde. Sie bewarb sich und war sehr überrascht, als sie die Zusage bekam. Nach der Scheidung ihrer Eltern wuchs sie in der Großstadt bei ihrer Mutter auf.

Ihre schönsten Zeiten aber waren die Sommerferien, diese verbrachte sie immer bei ihrem Vater. Sie sah ihn noch vor sich, diesen großen Mann, der bei jeder Tür seinen Kopfeinziehen musste, und der so unheimliche, gruselige Geschichten erzählen konnte. Nach dem Tod ihrer Mutter lebte sie als Studienrätin in der Großstadt. Als ihr Vater verstarb und ihr die Wohnung vererbte, lag es auf der Hand, in dem kleinen Ort, in dem so viele Erinnerungen lebten, neu zu beginnen. In dem Haus wohnte neben ihr Sparkassendirektor Meyer. Oben die Kapitänswitwe Graser, deren Sohn Dennis zur See fuhr. Über dem Direktor wohnte ihr Kollege Demps, ein unausstehlicher Patron.

Ihren Schuldirektor hatte sie schon einige Tage nach ihrer Bewerbung kennen gelernt, er hatte ihr die Schule gezeigt und ihr für ihren Beginn alles Gute gewünscht. Nach den Sommerferien hatte sie ihre neue Stelle angetreten, Auf dem Weg zur Schule überholte sie Demps. Er rempelte sie an und meinte, »Pass auf Alte, dass du nicht schon am ersten Tag zu spät in die Schule kommst«. Sie war gestürzt. Welch eine Unverschämtheit. Strafend hob sie ihren Finger. Da war der Rüpel auch schon über die Straße und verschwand im Schuleingang. Mühsam versuchte sie, aufzustehen.

Zwei Jungen, wahrscheinlich Schüler, fassten sie beherzt unter und stellten sie auf die Beine.»Mann«, sagte der eine, »dieses Arschloch von Studienrat Demps rennt einfach Frauen um und kümmert sich nicht drum.«

»Danke Jungs, dann will ich schnell hinterher um den Flegel ein paar Tipps über Anstand zu geben«, bedankte sie sich. Sie klopfte sich den Staub aus den Sachen und machte sich auf den Weg. Die Jungs waren sehr erstaunt, als die kleine, leicht nach vorn geneigte Frau hinter ihnen das Gymnasium betrat und sie energisch fragte:»Hallo ihr zwei, wo befindet sich das Lehrerzimmer?« Prompt kam auch die Antwort »Gleich um die Ecke.«Tief Luft holend betrat sieden Raum. Viele Augen schauten auf sie. Ein kleiner Mann mit Halbglatze kam auf sie zu. Er begrüßte sie herzlich, wandte sich an das Kollegium und sagte:»Wie ich schon angekündigt hatte, Frau Weber wird die Fünfte in Mathe und Deutsch übernehmen.« »Ach«, kam eine Stimme vom Fenster. Demps drehte sich langsam um. »Erkenne ich das richtig oder waren Sie die Dame, die eben auf der Straße im Dreck gelegen hat?«

Emilia konnte es sich nicht verkneifen: »Wären Sie mir nach Ihrem Rempler behilflich gewesen, könnte ich Sie noch halbwegs als Gentleman bezeichnen. «Es herrschte eisige Stille im Lehrerzimmer.

Schuldirektor Dichter hakte sich bei Emilia ein und sagte laut: »Dann werde ich mit Frau Weber mal eben zur Orientierung einen Rundgang durch die Schule machen. «Auf dem Flur meinte er zu ihr: »Wenn mit Herrn Demps etwas nicht stimmt, lassen sie es mich sofort wissen. «Emilia antwortete: »Gut zu wissen, dass ich als Neuehier nicht ganz allein bin. «Schuldirektor Dichter schwieg. Emilia dachte, das kann ja richtig lustig werden. Die Herbstferien waren schon eine Weile vorbei, im Ort bereiteten sich die Leute auf Weihnachten vor. Emilia hatte fortdauernd überlegt, »Besorge ich für dieses Jahr noch einen Tannenbaum oder verzichte ich darauf? «Sie saß im Wohnzimmer und schaute auf den alten Sessel, in dem ihr seliger Vater immer gesessen hatte, dieses alte mächtige Ding, das noch heute den größten Teil ihres Wohnzimmers einnahm. Ihr Vater hatte solch ein Teil gebraucht, schließlich war er ein fast zwei Meter großer Mann gewesen. Heute rekelte sich in dem Sessel die schneeweiße Katze Tinka. Diese war einfach mit Emilia eingezogen. Ein paarmal hatte sie versucht,die Katze vor die Tür zu setzen, die machte draußen ihr Geschäft und jaulte dann so lange vor der Tür, bis sie wieder in die Wohnung konnte. Dann kroch sie in den alten Sessel und schnurrte vor sich hin. Bevor Emilia in die Schule ging,ließ sie Tinka vor die Tür und noch einmal, wenn sie aus der Schule zurück war. Sonst verließ die Katze nicht die Wohnung.

Neben diesem Sessel stand auch noch der runde Tisch, auf dem zu Weihnachten immer ein kleiner, mit viel Lametta geschmückter Baum stand. Bei den Gedanken an ihren Vater kamen Emilia die Tränen. Also raus zum Weihnachtsbaumstand und ein kleines Bäumchen erstanden. Extra einen kleinen Baum, denn für einen großen hätte sie ja eine Leiter benötigt. Der Weihnachtsbaum-Verkäufer sagte zu ihr: »Mädchen, du hast meinen Bengel richtig auf Vordermann gebracht. Dafür ist der Baum umsonst, und ich bringe ihn dir nach Haus .«Emilia drückte dem Mann fünf Mark in die Hand und meinte: »Umsonst ist nichts, ist schon gut, wenn Sie mir den Baum nach Haustragen.«

Richtige Stimmung wollte selbst beim Anblick des kleinen, mit Lametta geschmückten Baumes nicht aufkommen. Den kleinen Baum musste sie allein schmücken, nicht so wie früher mit ihrem Vater. Das machte keinen Spaß. Also stellte sie das Bäumchen mit dem vielen Lametta einen Tag nach Weihnachten neben die Aschentonnen in den Hof.

Kaum war der Baum draußen,klingelte es an ihrer Tür. Witwe Graser stand im Treppenhaus, sie schien etwas verlegen.

»Das tut mir ja leid, dass ich Sie so überfalle, aber wissen Sie, mein Großer, der Dennis, der fährt zur See und hat geschrieben, er kommt in ein paar Tagen und da hätte ich doch gern Ihren Tannenbaum, den brauchen Sie doch nicht mehr.«Fragend schaute die Witwe sie an: »Der Junge wird sich freuen,dann könnten wir zwei nochmal so 'n bisschen Weihnachten nachfeiern. Emilia nickte: »Den müssen Sie nur bald holen, denn der steht hinten neben den Aschetonnen im Hof.«

»Och«, sagte die Witwe Graser, »da mach ich nen Zettel dran, den klaut schon keiner.«

Und so stand der Kleine Baum etwas verloren im Hof. Seltsamerweise tollten sich,seit dem Emilia den Tannenbaum in den Hof gestellt hatte, nachts viele Katzen im Hof herum. Na,dachte sie, sollte meine Tinka etwa rollig sein? Tagelang passierte nichts mit dem Baum, erstand im Hof und verlor langsam das Lametta. Die Schule hatte wieder begonnen,als plötzlich der Baum verschwunden war. Von oben konnte sie leise Weihnachtslieder hören. Das ist ja schön,dachte Emilia, da ist der Seemann wohl nach Haus gekommen.

Samstag,schulfrei, Emilia kam gerade vom Markt und schloss die Haustür auf, als hinter ihr eine Stimme sagte:»Das ist ja schön, dann kannst Du mich auch gleich mit rein lassen.«Erstaunt drehte sie sich um, vor ihr stand ein Riese mit einem großen Sack auf der Schulter. Ach,sagte sie erleichtert, nicht auf das Ekel von oben zu treffen,mit einem Lächeln. Es war der Seemann von Frau Graser. Der große Mann schaute auf siehe runter,er hatte einen knallroten Kopf: »Ach ne Dame. Tschuldigung«,grummelte er vor sich hin, es war kaum zu verstehen. Dabei knetete er seine großen Hände. »Vorsicht«,sagte sie und schaute lächelnd zu ihm auf,»gleich fällt Ihnen der Seesack von der Schulter«. Seine Hand schoss nach oben, sein Kopf verfärbte sich noch dunkler. Er hakte leicht an,als er antwortete: »Ich habe Sie für ein junges Mädchen gehalten.« »Macht nichts«,murmelte sie, zog ihren Kopf noch weiter zwischen ihre Schultern und verschwand in ihrer Wohnung.

Sie hörte von oben Frau Graser jubeln: »Junge, endlich bist du nach Haus gekommen«. Einen Augenblick war

Stille,dann setzte das Lied *Oh Tannenbaum* ein. Emilia ging in ihr Wohnzimmer und schaute durch das Fenster in den Hof. Was für ein Riese, dachte sie, der ist ja noch größer, als Papa es war.

Plötzlich ein Aufschrei,es schallte durch das ganze Haus. »Mama, mach das Fenster auf, den Gestank hält ja keiner aus. Bei dir im Wohnzimmer stinkt es, als hätten tausend Katzen an deinen Tannenbaum gepisst. Mama, wo hast du denn dies Scheißding her?«

»Junge«, hörte sie von oben, »den Baum habe ich von der jungen Frau, die war so freundlich, mir ihren Tannenbaum nach Weihnachten zu überlassen.«Beidem »Freundlich«sah sie auch schon den Baum an ihrem Fenster vorbei fliegen und im Hof landen.»Junge«, hörte sie Frau Graser rufen,»bleib hier! Die junge Frau hat es nur gut mit mir gemeint und der Tannenbaum stand auch schon ein paar

Tage im Hof.«Schwere Schritte hörte sie die Treppe herunter stapfen. Von oben meldete sich Demps: »Endlich mal einer, der hier im Haus für Ordnung sorgt. Es ist an der Zeit, dass der Gewitterhexe dort unten mal kräftig der Marsch geblasen wird. Die Schritte hielten inne, dieselbe Stimme,die für den Aufschrei gesorgt hatte, erklang wieder.

»Halt deine große Klappe, du alter Schlaumeier, noch einen Ton über die Dame, dann fliegst du hinter dem Tannenbaum her!«

Es war nur noch ein beleidigtes Schnappen zu hören und dann fiel eine Tür zu. Energisch klopfte es an Emilias Wohnungstür. Sie überlegte, ob sie aufmachen sollte. Sie sah nach unten. Tinka strich erwartungsvoll um ihre Beine. Wenn schon Tinka keine Angst hat, dachte sie, sollte ich auch keine Angst verspüren. So öffnete sie doch etwas sorgenvoll die Tür. Der große Mann stand da und trat von einem Fuß auf den anderen, schaute hilflos auf sie herab und knetete seine großen Hände, als wenn ihn urplötzlich sein Mut verlassen hätte. Überraschend kniete er sich nieder, streichelte Tinka,die sich genussvoll an seinen großen Händen räkelte. Dabei murmelte er:»Da haben wir ja den Übeltäter.«Emilia meinte,»Rufen Sie doch ihre Mutter, Sie können sich solang bei mir aufhalten, bis der Gestank bei Ihnen wieder abgezogen ist.«

»Mutter rief der Seemann nach oben, komm runter, bring den Tee und die Kekse mit. Wir dürfen hier unten durchatmen.«reichte ihm ihre Hand, »Ich bin Emilia Weber.«Sie reichte ihm die Hand, die in seiner verschwand. Beider Berührung überzog sein Gesicht eine leichte Röte. Das»*Dennis*«kam nur

gestottert und das »*Graser*« war nicht
zu hören. Die Witwe übernahm das
Gespräch. Als sie und Dennis nach zwei
Stunden gingen, knetete er wieder
seine Hände.
Schweiß stand auf seiner Stirn
»Könnten wir uns«,stotterte er.
»Selbstverständlich«, antwortete
Emilia.
Sie lächelte. Sie wusste, der große
Mann wollte sie wiedersehen, ohne
seine Mutter. Sie bemerkte, wie sich
wieder die Farbe in seinem Gesicht
änderte, als sie ihm antwortete:
»Morgen nach der Schule.«
Verträumt schaute sie ihm hinterher, er
erinnerte sie an ihren Vater. Am
nächsten Tag stand er pünktlich vor der
Schule. Es war ihr nicht einmal peinlich,
vor der Schule mit einem großen
Blumenstrauß abgeholt zu werden. Sie
hätte heute selbst dem ekelhaften
Demps wehrhaft gegenübergestanden.

Dennis holte sie jetzt täglich von der Schule ab. Auf ihre Frage, wann denn der Abschied käme, und ob er wieder zur See führe, lachte er herzlich. Es war, als ob etwas Schweres, lang Aufgehobenes aus ihm herausplatzte. »Schon als ich dich im Treppenhaus gesehen habe, hat es mich wie ein Blitz getroffen, und da wusste ich sofort, diese Frau und nie wieder die See. Das Lächeln, das du mir bei unserer ersten Begegnung geschenkt hast. Das hat mich unsterblich in das kleine Persönchen verlieben lassen.« Ein leises Lächeln zog über ihr Gesicht, dann stellte sie sich auf die Zehenspitzen und küsste ihn. Ihr Dennis hat Wort gehalten, ist nie wieder zur See gefahren.

Er hat jetzt eine Stelle beim Landkreis. Dennis ist der Hausmeister für das Gymnasium. Nur an Weihnachten, da steht jetzt immer ein großer Baum im

Wohnzimmer, er reicht vom Boden bis an die Decke. Den schmücken sie jetzt beide, so,wie sie es früher immer mit ihrem Vater getan hatte.

Stille Weihnacht

Antje Koller

Es ist eine stille Weihnacht
Für so manchen dieses Jahr
Vieles hat sich arg verändert
nichts ist mehr, wie es mal war

Schatten auf das Fest sich legen
So geht die Fröhlichkeit verloren
Und doch erzählen uns diese Tage
Es ward ein neuer Stern geboren

Bewahre den Glauben und die Liebe
Die Hoffnung und die Menschlichkeit
Lass Frieden in die Herzen ziehen
Auch wenn sie dich beschwert die Zeit

Das Samenkorn in deinem Herzen
Wird einmal neue Früchte tragen
Hilft,dass wir auch in schweren Zeiten
Nicht resignieren und verzagen

Ein Lichtermeer erhellt das Dunkel
Blick hebt sich zum Himmelszelt,
Wie ein Gebet, das leise fleht
Für Licht und Frieden auf der Welt

Alle Jahre wieder

Ryka Foerster

Weihnachten naht. Alle Jahre wieder wird sich meine Mutter abrackern, um Geschenke einzukaufen, Plätzchen zu backen, das Essen vorzubereiten und die Wohnung auf Hochglanz zu putzen. Ich werde ihr wie immer anbieten, früher zukommen, um ihr zu helfen,das wird sie ablehnen, auch wie immer: »Kind, du hast doch genug um die Ohren mit deinem Studium. «Ich werde ihr ansehen,wie müde sie ist, ich werde die Organisation loben, Kekse naschen und mich wieder fühlen, als wäre ich zehn oder elf.

Mein Vater wird den Baum schmücken. In den geraden Jahren gibt es goldene Kugeln, in den ungeraden Rote. Er wird bedauern, dass er eine Lichterkette in den Baum hängt, statt echter Kerzen, aber seit einem Freund vor acht Jahren fast das Haus abgebrannt ist, ist er vorsichtig geworden.

»Man glaubt nicht, wie schnell sich so ein Feuer ausbreitet«, wird er sagen, und dann: »na, aber schöner war es schon mit den Kerzen«, und er wird seufzen, und ich werde mit ihm seufzen, denn echte Kerzen sind wirklich schöner. Er wird mir den Holzschmuck zeigen, der jedes Jahr am Baum hängt: ein Schlitten, ein Engel, ein Schneemann, eine kleine Krippe. »Die hat deine Uroma auf der Flucht mitgenommen, die hingen schon in Johannisburg am Weihnachtsbaum«, wird er sagen, und dass ich sie eines Tages erben werde und immer in Ehren halten soll. Er wird mich fragen, ob ich einen Freund habe und wann ich ihnen ein Enkelkind schenke. Ich werde etwas vor mich hinmurmeln: »Ach,Papa, das Studium ist so anstrengend, für einen Mann hab ich gar keine Zeit«, ich werde ihm nichts von David und von Fred erzählen, ich werde ihm nicht erklären, was Polyamorie bedeutet und auf gar keinen Fall werde ich ihm erzählen, dass ich mir aus Kindern nichts mache. Dann wird Papa sich einen Wein einschenken, »ein kleines Schlückchen kann ja nicht schaden«, und ich werde ihm nicht erklären, dass das Gift für seine Diabetes ist, das weiß er selber. Dann wird Mama kommen, frisch geduscht und fein gemacht in ihrem grünen Feiertagskostüm. »Na, na, Dieter, das sollst du doch nicht«, wird sie sagen. Wir werden Würstchen mit Kartoffelsalat essen, seit ein paar Jahren gibt es für mich vegetarische Würstchen, mit scheelem Blick von Papa: »Schmeckt das nicht nach nasser Pappe? Ich könnte das nicht runter-kriegen, ich weiß gar nicht, was du hast, die Würstchen sind doch lecker.«

Dann wird Mama den Tisch abräumen, ich werde ihr dabei helfen, Papa trinkt derweil ein zweites oder drittes Glas Wein und hört Weihnachtslieder aus dem Radio.Mama wird geheimnisvoll tun und im Wohnzimmer die Lichterkette an – und das Deckenlicht ausknipsen, dann wird sie mit dem Glöckchen klingeln, auch aus der alten Heimat gerettet, und sie wird mit glockenheller Stimme rufen:» Bescherung, ihr Lieben.«Ich werde gebührend noch einmal den jetzt fertig geschmückten Baum bestaunen, wie schön er gewachsen ist, wie liebevoll geschmückt. Dann werden die Geschenke verteilt.

Ich bekomme jedes Jahr ein Paar selbstgestrickte Socken von meiner Mutter, über die freue ich mich, das zeige ich ihr und sie freut sich auch. Mein Vater wird mir einen Umschlag mit Geld zustecken.

Das löst Unbehagen in mir aus, immerhin bin ich 25 Jahre alt. Aber weil ich noch studiere, kann ich das Geld natürlich gut brauchen. »Ist doch besser, als wenn ich dir was schenke, womit du nichts anfangen kannst«, wird Papa sagen, und damit hat er Recht. Jedes Jahr wieder zerbreche ich mir den Kopf, was ich meinen Elternschenken kann. Egal, was es ist, sie werden es mit immer dem gleichen Kommentar versehen: »Kind, das wäre doch nicht nötig,wir haben doch alles, was wir brauchen«, also wird es meist ein selbstgebastelter Fotokalender. Mein Vater wird meiner Mutter »etwas Nützliches« schenken,einen Eierkocher oder einen Thermomix, und sie wird so tun, als ob es sie freut, obwohl sie sich heimlich ein schönes Schmuckstück oder eine Einladung in die Oper wünscht. Aber das ist nichts für Papa,der sitzt lieber

auf dem Sofa und schaut Fußball.
Dann werden wir spielen, Malefiz, wie
jedes Jahr. Papa wird seinen dritten
oder vierten Wein trinken und mich
fragen, was mein Studium macht. Ich
werde ihm vorschwärmen, wie gut alles
läuft. Ich werde ihm nicht erzählen,
dass ich in Mathe den Drittversuch vor
mir habe, und ich werde ihm nichts von
meiner Prüfungsangst verraten, damit
ich mir nicht anhören muss, dass man
alles erreichen kann, wenn man es nur
wirklich will und sich zusammenreißt,
wenn es nötig ist. Er ist stolz darauf,
dass seine Tochter Maschinenbauerin
wirdund gibt bei seinen Freunden
damit an, als wäre ich schon zur
Unterabteilungsleiterin aufgestiegen. Er
wird ein wenig mit mir fachsimpeln,
schließlich hat er KFZ-Mechaniker von
der Pike auf gelernt. Nach dem dritten
Malefiz-Spiel werden meinen Eltern
beinahe die Augen zufallen, vor

Müdigkeit bei Mama, vom Alkohol bei Papa, und ich werde behaupten, das sich müde sei, damit sie ohne Gesichtsverlust ins Bett gehen können.

Am nächsten Tag muss Mama die Gans vorbereiten, und Papa und ich werden Oma abholen.Sie wird mich fragen, wann ich ihnen endlich mal einen netten Freund vorstelle und ob es nicht langsam Zeit für Kinder wird, und was mein Studium macht, und sie wird traurig sein, weil ich jetzt so weit weg wohne und wir uns so selten sehen. Sie wird mir altrosa oder hellblaue Handtücher schenken,»für die Aussteuer«, und eine Flasche mit Körperlotion, die früher Fenjala hieß,jetzt Fenjal, ein Duft für alte Frauen. Ich werde mich artig bedanken und die Lotion später, wie jedes Jahr, meiner Nachbarin schenken, die freut sich darüber.

Nach dem Kaffeetrinken, bei dem es Stollen geben wird und Kekse und Dominosteine vom bunten Teller, werde ich sagen, dass ich jetzt leider wieder in meine WG fahren muss, weil ich eine wichtige Prüfung vor mir habe.

Das stimmt, denn wenn ich den Drittversuch versiebe, dann war es das mit meinem Studium, aber das erzähle ich ihnen natürlich nicht. Mama und Papa und Oma werden mir versichern, dass sie verstehen, dass ich lernen muss und wie schön und harmonisch das Weihnachtsfest doch war und wie sehr sie sich jedes Jahr darauf freuen. Und dann werden sie sagen, dass ich im nächsten Jahr bestimmt schon einen guten Job habe und wie schön es doch wäre, wenn ich dann endlich einmal einen netten Freund mitbringe.

Papa wird mich zum Bahnhof fahren und ich werde froh und traurig sein. Jedes Mal, wenn ich mich im neuen

Jahr mit einem rosa oder hellblauen Handtuch abtrockne,werde ich an die Kinder denken, die ich nicht haben möchte. Und an manchen Tagen werde ich mir wünschen,dass es noch viele Jahre so sein wird, wie es immer war.

Aufregen oder Nachdenken

Franziska Koblitz

Es hat viel geschneit in der Nacht auf
Sonntag. Sehr viel für Anfang
November. Herr Mertens schaufelt die
Einfahrt seines Hauses frei und hört
neben bei seiner Nachbarin Frau Strauß
zu. Sie erzählt ihm von drei neuen
ausländischen Familien, die in der Nähe
ihre Wohnungen bezogen haben. »Die
sprechen nicht einmal richtig unsere
Sprache, die Erwachsenen stehen
immer vor dem Haus in Gruppen
herum, die Kinder sind laut und frech.
Das in unserem schönen Peine in der
Südstadt, da müssen wir was tun!«
Mit dem Schnee schaufeln ist er fertig,
schaut Frau Strauß an und sagt: »Ja, da
müssen wir was tun«, klopft seine
Stiefel ab und geht ins Haus.

Während er sich seinen Kaffee
zubereitet,denkt er über das Gespräch

mit seiner Nachbarin nach. Herr Mertens ist schon lange Witwer, seit zwei Jahren in Pension und seine drei erwachsenen Kinder wohnen in Tripolis, Aschersleben und Heywood. Zeit hat er infolgedessen mehr als genug.

Ich stelle mich den Leuten beim Spaziergang am Nachmittag vor, vielleicht er gibt sich eine nette Unterhaltung.

Vorurteile gibt es für ihn nicht. So ist es dann ganz einfach, mit den neuen Mitbürgern ins Gespräch zu kommen. Sie bedanken sich in nicht ganz einwandfreiem, aber durchaus gut verständlichem Deutsch für sein» herzlich willkommen bei uns «und laden ihn zu Kaffee und Kuchen ein. Lebensgeschichten werden geschildert, Fotos aus ihrer Heimat gezeigt.

Es herrscht eine herzliche Atmosphäre.

Die Erwachsenenenerzählen, sie gehen den ganzen Tag arbeiten, die Kinder, die durchweg sehr gut Deutsch sprechen, vormittags zur Schule, nur am Nachmittag sind sie daheim.

Er hört, dass die Kinder oft beschimpft werden, nicht auf den Spielplatz dürfen und Fußballspielen ist auch verboten, sagt der Hausmeister.

Jetzt sagt Herr Mertens: »Da müssen wir was tun«, bedankt sich für die Einladung und verabschiedet sich mit dem Versprechen, bald von sich hören zu lassen. Auf dem Nachhauseweg kommt ihm eine Idee, die er sogleich in die Tat umsetzt.

Seine lange Zeit unbenutzte Werkstatt wird aufgeräumt. Am nächsten Tag geht er zu den Eltern der Kinder, um ihnen anzubieten, sich nachmittags der Kinder anzunehmen.

Alle werden eingeladen, sich die Werkstatt anzusehen. Die Eltern und

Kinder sind völlig aus dem Häuschen. Voller Begeisterung wird ab sofort Holzspielzeug für den Weihnachtsmarkt gebastelt. Die Kinder dürfen diese Sachen an einem eigenen Stand auf dem Weihnachtsmarkt verkaufen. Seine Nachbarn beäugen die Situation eine Zeit lang kritisch, lassen sich aber von ihm überzeugen, dass seine gute Gemeinschaft auch mit Menschen aus anderen Ländern Heimat bieten kann.

Der Weihnachtsmarkt ist gut besucht, alle gebastelten Sachen werden verkauft und die Kinder verdienen gutes Taschengeld. Beim Glühweinstand wünschen sich alle »ein schönes Fest. «Man kann den ganzen Tag schimpfen und jammern, man kann aber auch viel tun, abends müde, und zufrieden sein.

Schwanensee
Antje Koller

Es war einen Tag vor Weihnachten,
Sophie ging am Peiner Schwanensee
spazieren.Langsam wurde es schon
dunkel. Neugierig sah sie einem
verspäteten Schwan zu, wie er sich eilig
einen Schlafplatz suchte und dann den
Kopf unter sein Gefieder steckte. Die
Enten schlummerten bereits auf der
Wiese und nur ab und an war noch der
kurze Schrei eines Wasservogels zu
hören, bis endgültig Stille am See
einzog. Der Himmel war tief mit Wolken
verhangen und nach dem recht kühlen
Tag begann es nun allmählich zu
schneien.
Sophie fröstelte etwas. Sie zog den
Kragen Ihrer Jacke nach oben und
steckte Ihre Hände in die Jackentaschen. Das junge Mädchen mochte
diese Zeit, wenn der Tag schlafen ging

und sich die Natur langsam zur Ruhe begab. Sie liebte die Stille und hatte auch selbst ein sehr ruhiges Gemüt. Während ihre Schulfreundinnen Zerstreuung bei Partys suchten, zog sie sich lieber zurück. Das war schon immer so. Die kleine Holzbank, die sich unter dem stärker werdenden Flockenwirbel allmählich weiß färbte, lud heute nicht zum Sitzen ein. Während Sophie auf den jetzt ganz stillen See hinaus blickte, riss die Wolkendecke etwas auf und einige Strahlen des Mondes fanden Ihren Weg zum See. Dort,wo sie auf das Wasser trafen, begann dieses zu schimmern und zu schillern. *Wie im Märchen,* dachte das Mädchen ganz verzaubert.

Ihre Füße wurden vom Stehen langsam kalt und sie bereute, nicht die warmen Stiefel angezogen zuhaben. Gerade wollte sie weitergehen, als sie das

Gefühl hatte, dass jemand an den Schnürsenkeln Ihrer Turnschuhe zupfte. Irritiert schaute Sophie nach unten, konnte aber nichts erkennen. Doch da, schon wieder spürte sie ein Zupfen. Diesmal vernahm sie auch ein leises Lachen, das wie das Läuten kleiner Silberglöckchen klang. Sophie schaute jetzt angestrengt nach unten und erkannte plötzlich ein winziges Wesen, das auf ihrem rechten Schuh saß und aufgeregt mit seinen feinen, fast durchsichtigen Flügeln schlug. *Was ist das denn*, dachte sie verwundert. Gerade wollte sie sich nach unten beugen, als dieses Wesen von dem Fuß abhob und nach oben schwebte. Jetzt befand es sich direkt vor ihrem Gesicht. Erstaunt riss Sophie die Augen auf. Das konnte doch nicht sein? Vor ihr in der Luft bewegte sich eine winzige Fee, die nur ein hauchdünnes kurzes Kleidchen trug und heftig zitterte.

»Mir ist kalt«, hörte Sophie sie nun klagen. Kurz entschlossen griff das Mädchen nach der kleinen Fee und umschloss sie sacht mit ihren Händen. »Hee, dass du mich ja nicht erdrückst!«, rief der Winzling. »Keine Bange«, erwiderte Sophie lachend und steckte sie vorsichtig in eine Ihrer wuschelig weichen Jackentaschen. »Oh, hier ist es aber schön warm«,seufzte die kleine Fee. Eine ganze Weile blieb das Mädchen einfach still stehen. *Das glaubt mir kein Mensch,* dachte sie amüsiert und wusste im gleichen Moment, dass es zwecklos war, irgendjemandem davon zu erzählen, man würde sie vermutlich für verrückt erklären.

Allmählich begann Sophie zu frieren. Es wurde auch bereits spät und ihre Mutter würde sich sicher bereits Sorgen machen. »Ich muss jetzt nachhause«, sagte sie bedauernd.

»Das ist schon ok«, piepste die kleine Fee.»Jetzt ist mir wieder warm genug,um über den See zu flattern und mir bei einem der Schwäne einen Schlafplatz im warmen Gefieder zu suchen. Danke, dass ich mich bei dir aufwärmen durfte.«

»Das habe ich doch gern gemacht«, sagte das Mädchen. »Darf ich dich etwas fragen? Wie kommt eine Fee wie du an unseren Schwanensee?«

Die Fee kicherte mit ihrem silberhellen Stimmchen und antwortete: »Weißt du denn nicht, dass Feen als Schwäne zur Welt kommen?«

Ehe Sophie noch etwas erwidern konnte, flatterte die Fee davon und war verschwunden.

Die Zipfelmütze

Katharina Schiller

Heiligabend. An die Tür des Wohnzimmers, in dem meine Mutter mit uns kleinen Kindern saß, klopfte es heftig. Herein trat ein in einen roten bodenlangen Mantel mit weißem breitem Kragen gehüllter Mann, dessen struppiger weißer Bart seine untere Gesichtshälfte bedeckte. Auf dem Kopf trug er eine rot-weiße Zipfelmütze. Seine kräftige Stimme ertönte: »Ich bin der Weihnachtsmann! Wart ihr Kinder brav?«. Angstvoll riefen wir: »Ja,ja!«
Aus einem graubraunen Leinensack zog er Geschenke: Nüsse, Schokolade, bunte Päckchen!
Am nächsten Tag öffnete mein Bruder die Nachttischschublade unseres Vaters vor meinen Augen… und ich sah entsetzt:
Eine rote, weiß umrandete Zipfelmütze.

Your son
Anna Dugall

21. Dezember

»Kein Wunder, dass du aus allen Nähten platzt. Kann ich mal das *Müsli* haben?«An Christinas ausgestreckten Fingern funkelten zwei Ringe aus billigem Modeschmuck und ihr Bettelarmband klimperte.

Jörn hasste die Zwillinge genauso wie seine Stiefmutter, die den aufge-plusterten Teenies alles durchgehen ließ und sie jeden Tag aufs Neue in den Himmel lobte. Ohne etwas zu sagen, warf sie einen Blick auf sein Nutella-Toast und Jörn wusste auch so, was sie dachte. Mit einem Algen-Toast auf dem Teller hätte sie ihn ebenso vorwurfsvoll angesehen. Seit sie bei Jessica wohnten, kam er sich vor wie ein ungeliebtes Tier, was jeden Moment an der Autobahn ausgesetzt werden sollte. Selbst Paps schaffte es nicht, sich gegen seine neue Frau und die Zwillinge durchzusetzen. Egal, was Jörn anstellte, es war falsch.

»Du solltest wirklich nicht so viel Süßkram essen, Jörn.«Jessica bestrich ihr Körnerbrot mit Frischkäse und zeigte mit dem verschmierten Messer auf ihn. »Die Mädchen schaffen es doch auch, zu verzichten.«

»Jetzt lass ihn doch. Er mag´s halt. Sport treibt er ja wohl genug.«Paps zwinkerte ihm zu, aber das flaue Gefühl im Magen blieb.

»Misch dich da nicht ein, Alexander.«

»Kann ich bitte aufstehen?« In der Schule hatte er wenigstens seine Ruhe vor den Mädchen.

»Keinen Hunger mehr?«Christina grinste und in Isabells Augen blitzte es. Freunde nannten die Zwillinge Chrissy und Isa, Jörn fand die Namen kitschig. Außerdem passten sie nicht.

Bonnie und Clyde beschrieben ihren Charakter besser. Er hatte doch erst vier Nutella-Toast. »Gehts dir etwa nichtgut?«Isabell klimperte mit ihren dick getuschten Wimpern und sah ihn mit großen Augen an.

»Ach, halt doch die Klappe.«

»Schluss jetzt. Habt ihr eure Türchen heute schon aufgemacht?«Wie immer um Frieden bemüht zeigte Alexander auf die Adventskalender, die an einer Schnur über dem Kamin baumelten.In vier Tagen war Weihnachten und Jörn freute sich nicht im Geringsten auf den Trubel. Wie jedes Jahr würde Jessica die Mädchen reich beschenken. Für ihn kaufte sie nur eine Kleinigkeit, die ihm nicht mal gefiel. Allein auf Paps und seinen Riecher konnte sich Jörn verlassen. Wie ausgehungerte Hyänen stürzten sich die Zwillinge auf ihre Säckchen. Quietschend hielten sie sich gegenseitig die Ohrringe unter die Nase. Wie er sie hasste.

»Geht das auch ein bisschen leiser?«

Alexander massierte sich die Schläfen wie bei einem schweren Migräneanfall. »Da kriegt man ja Kopfschmerzen.«
»Jetzt hör doch auf. Wenigstens freuen sich die beiden im Gegensatz zu deinem Sohn.«Das *missratener* hing stumm in der Luft und Jessica unterstrich es, indem sie mit ihrem Messer herumfuchtelte.
»Er würde sich freuen, wenn *du* ihn nicht immer Schokotaler schenken würdest. Ich denke, er isst sowieso zu viel Süßkram?«
»Wenn er mal den Mund aufmachen würde könnte ich ihm auch was Vernünftiges schenken.«
»Vielleicht solltest du etwas realistischer werden und mal deine Augen aufmachen. Du bist blind, was die Zwillinge angeht.«
»Jetzt komm mir nicht so...«

Jörn hörte nicht weiter hin und floh aus dem Wohnzimmer. Mit brennenden Wangen und klopfendem Herzen rannte er in sein Zimmer. Schnaubend warf er sich auf sein Bett und verbarg sein Gesicht im Kissen. Am besten,er feuerte Chrissys Schminksachen aus dem Fenster. Damit ließ sie sich ärgern. Jeden Morgen verbrachte sie in Jörns Augen eine Ewigkeit an ihrem Schminktisch. So ein kitschiger weißer mit einer Rosenlichterkette. Schniefend wischte er sich die Tränen ab und stapfte in ihr Zimmer. Im Türrahmen blieb er stehen und holte tief Luft. Alle Schränke standen offen. Normalerweise verteilten sich Bücher und Klamotten auf dem Teppich. Jeden Tag regte sich Jessica über sein Chaos auf, obwohl es hier schlimmer aussah. Jetzt lag hier nichts. Nicht einmal eine Socke. Eiskalter Wind fegte durch das offenstehende Fenster. Schneeflocken schmolzen auf der Fensterbank.

Jörn ballte die Hände zu Fäusten und öffnete sie wieder. Immer aufs Neue, er konnte nicht glauben, was er sah. Auf dem Bett lag keine einzige Zeitschrift. Gänsehaut überzog seine Arme und er rannte zum Fenster, um es zu schließen. Sie lagen im Vorgarten. Chrissys Sachen. Alle. Ihr alter Lieblingsbär Paddi hing in einem Dornenbusch und Schnee trudelte auf ihre Klamotten.Wie abgerissene Fahnen wehten T-Shirts über den verschneiten Rasen. Sogar ihre Bücher und Tarotkarten hatte jemand aus dem Fenster geschmissen. Die Zwillinge. Jetzt drehten sie endgültig durch. Na klar. Isabell war während des Frühstücks auf die Toilette gegangen. Seine Stiefschwestern hatten einen Anfall, und er sollte die Strafe dafür erhalten. Mit jedem Tag hasste er sie ein bisschen mehr.

»Kannst du mir mal verraten, was das soll? Sag mal spinnst du jetzt total? ALEXANDER! DEIN SOHN! MAL WIEDER!«Wie ein Vampir, der tagelang nicht getrunken hatte, hing Jessica in der Tür. Sie zweifelte keine Sekunde daran, wer den Vorgarten mit Klamotten dekoriert hatte.

22. Dezember
Jörn lag im Bett und hörte auf die Geräusche im Nebenzimmer. Jeder Morgen lief gleich ab.Erst klingelte Jessicas Wecker und sie schlurfte ins Bad. Paps musste später zur Arbeit, also duschte sie ausgiebig, schminkte und frisierte sich.Endlos lange, zumindest kam es Jörn so vor. Seit gestern ignorierte sie ihn vollkommen und er hatte die halbe Nacht gebraucht, um seine Sachen wieder einzusammeln. Außer Paps hatte ihm niemand geholfen.Trotz der warmen Decke zitterte er vor Kälte und sein

Gesicht brannte. Egal, was Jessica sagte, heute würde er zu Hause bleiben.

Sobald er sich aufsetzte, schwankte das Zimmer und er schluckte. Die Stimmen in der Küche klangen lauter als sonst. Wie Vögel auf Speed.

»Hey, aufstehen.«Alexander steckte seinen Kopf durch die Tür. Mit den schwarzen Wuschelhaaren und dem zu großen Schlafanzug sah er aus wie ein riesiger Teddybär.

»Paps ich...«Der Rest ging in einem Hustenanfall unter. Alexanders kalte Hände legten sich auf seine Stirn.

»Du hast ja Fieber. Bin gleich wieder da.«Er rauschte aus dem Zimmer und Jörn schloss die Augen. Hinter den Lidern brannte es.

»ALEXAAAAAANDER!«Wie eine heiße Nadel bohrte sich Jessicas Schrei durch seine Schläfe. »Jetzt habe ich aber langsam die Nase gestrichen voll!«

Jörn hörte, wie Paps aus dem Bad
stürzte. »Was ist denn jetzt schon
wieder?«

»Dein feiner Herr Sohn hat Käfer in
mein Müsli gestreut!«

»Wie bitte?«

»Mir reichts!«

Eine Schranktür knallte zu und
Alexander polterte die Treppe hinunter.
Jörn schniefte und hielt sich die Ohren
zu. Den Streit in der Küche bekam er
dennoch mit.

»Ist doch klar! Wegen gestern hat er
das gemacht.Ich habe dir von Anfang
an gesagt, eine Bartagame ist nichts für
Kinder! Jetzt guck dir das an!«

»Was kann denn Theo dafür? Und
überhaupt, wer sagt denn, dass Jörn
schuld ist?«

»Wer denn sonst?«

»Du glaubst also, mein Sohn hat dein
Müsli manipuliert, nachdem er fast die
ganze Nacht Klamotten aufgesammelt

hat? Hörst du dir selbst eigentlich zu?«
»Isa und Chrissy haben ja kein exotisches Haustier. Außerdem ekeln sie sich vor den Viechern.«
»Ach so. Und Jörn hat Chrissys Klamotten aus dem Fenster geschmissen, um am Ende sich selbst zu ärgern? Tut mir leid Jessica, aber das glaubst du doch selbst nicht.Vielleicht hat sich ja eine deiner Töchter einen Scherz erlaubt?«
»Halt endlich den Rand! Ich kann diese ewigen Verdächtigungen nicht mehr hören!«
»Sieh mal einer an, ich auch nicht. Ich muss mich jetzt um Jörn kümmern. Er hat nämlich Fieber.«
»So, hat er das. Akutes schlechtes Gewissen nehme ich mal an.«
Aufhören. Lange hielt er es nicht mehr aus. Jedes Wort dröhnte in seinem Kopf wie eine Kirchenglocke. Er kroch bis zum Kinn unter die Decke.

Selbst die Tränen auf seinen Wangen fühlten sich kalt an.

23. Dezember

Schlafen konnte Jörn ohnehin nicht. Isa und Chrissy flogen auf Überraschungseier ebenso wie Jessica.

Eine Sucht, die sie sich teilten, genauso wie ihre Allergie. Er wischte sich den Schweiß von der Stirn und krempelte die Ärmel seines Schlafanzugs hoch. Er liebte die,wie seine Stiefmutter sie nannte, albernen Dinger. Schon vorhin hatte er die Notfallspritze für Allergiker sorgfältig versteckt. Er steckte sie in die Brusttasche seines Dr. Manhattan - Pyjamas. Einmal seit sie hier wohnten, hatte Isabell das Adrenalin gebraucht. Die Bilder konnte er nicht vergessen. Ihr aufgedunsenes Gesicht, das Röcheln und die Panik in ihren Augen. Jörn sah zum Schrank. Morgen brauchte er nur zugreifen und den Streich beenden, bevor er außer Kontrolle geriet. Captain Manhattan passte so lange auf. Er wollte sie noch einmal sehen. Die Furcht in den Augen der Zwillinge. Die Bastelei war anstrengend, lohnte sich aber. Zwei Schokoladeneier lagen noch auf dem Schreibtisch. Behutsam brach Jörn die Hälften auseinander und nahm das Spielzeug heraus. Im ganzen Zimmer roch es nach salziger Erdnussbutter und er legte das Ei beiseite. Der Geruch würde ihn sofort verraten. Auf Zehenspitzen schlich er zum Fenster und öffnete es.Seit Jahren schikanierten sie ihn und das hatte morgen ein Ende. Sie sollten sich ordentlich erschrecken, mehr nicht. Paps zu überreden, auszuziehen, war zwecklos. Jörn wusste es aus Erfahrung. Immer wieder hatte er es versucht. Was Jessica anging, war er so blind wie sie gegenüber ihren schrecklichen

Töchtern. Über die Konsequenzen seines Streichs wollte er nicht nachdenken. Morgen kam der Weihnachtsmann und für die drei hatte er ein spezielles Geschenk.

Er setzte sich wieder an den Schreibtisch und füllte die Erdnussbutter mit zwei Löffeln in die Schokohälften. Mit der Creme klebte er die Hälften wieder zusammen und betrachtete sein Werk. Mit einem Seufzer lehnte er sich zurück. Ein Windstoß fegte das Stanniolpapier vom Tisch und er hob es auf. Zum ersten Mal seit der Trennung seiner Eltern freute er sich auf Weihnachten.

24. Dezember – Heiligabend

»Es tut mir leid.«

Jörn legte jedem ein Überraschungsei neben den Teller. Die Schokolade schmolz unter seinen Fingern, er hatte immer noch Fieber.

Jessica zog die Augenbrauen hoch. Sie hatte sich Mühe gegeben. Stechpalmzweige schmückten die Mitte des Esstischs, auf dem silbernen Kerzenleuchter brannten fünf Kerzen. Chrissy und Isa schielten schon zu den Geschenken hinüber, die sich unter dem Baum stapelten. Der Geruch nach Pfeffer und Bratensoße hing in der Luft. Traditionell gab es am Heiligen Abend Fondue. Mit Paps hatte Jörn immer Kartoffelsalat und Würstchen gegessen. Er mochte das fettige Fleisch nicht und die Mettbällchen fielen ihm ständig von der Gabel. Wie ein Huhn musste er in der Fettbrühe herumstochern, um sein Essen zu wiederzufinden.

„Was genau tut dir denn leid?" Jessica räusperte sich. „Das mit den Käfern oder das mit Chrissys Klamotten? Oder deine ständige Nascherei? Was *genau* tut dir leid?"

„Na ja, alles. Dass ich euch immer so viele Probleme mache." Jörn setzte sich. Die Zwillinge kicherten wie kleine Kinder.

Alexander faltete seine Serviette auseinander. Zwischen seinen Augenbrauen entstand eine steile Falte. »Kannst du nicht einmal damit aufhören? Es ist Weihnachten.« »Ja und?«Jessica nahm ihr Überraschungsei. »Ein Schokoladenei zur Wiedergutmachung? Lächerlich.«

»Bitte!« Alexander knallte seine Serviette wieder auf den Tisch. »Ich habe keine Lust zu streiten. Nicht heute.«Er trank einen großen Schluck Rotwein. Ein bisschen schwappte heraus, als er das Glas zurückstellte. Jörn betrachtete die Fleischbällchen und sein Magen zog sich gluckernd zusammen. Bis nach dem Essen musste er durchhalten. Erst dann bekam er das einzige Weihnachtsgeschenk, was er sich seit Jahren wünschte. Wenigstens ein paar Tage hatte er seinen Paps wieder für sich allein.

»Ach ja, ich war so frei und habe deine albernen Dinger vorhin zur Kleidersammlung gebracht, Jörn. Es ist Weihnachten und du bist schon lange aus den Schlafanzügen rausgewachsen. Andere freuen sich darüber.«

Jessica biss in ihr Überraschungsei und aus den paar Tagen wurde für immer.

Fröhliche Peinacht

Franziska Koblitz

Jedes Mal, wenn ich am Heiligen Abend die Augen meiner Kinder sehe, komme ich nicht umhin, selbst auch an den Weihnachtsmann zu glauben. Klar, ich bin schon viel zu alt für solche Geschichten, und auch meine Kinder - zumindest die beiden großen -glauben nicht mehr an ihn. Jedoch zu Weihnachten…
Eine seltsame Macht geht vom Weihnachtsmann aus. Das Weihnachtsfest an sich stimmt uns Erwachsene friedlich,festlich.

Der Weihnachtsmann macht die »Äktschn« - tagsüber hält er die Kinder brav, obwohl sie selten so gespannt und aufgeregt sind. Am Abend zaubert er ihnen ein Leuchten ins Gesicht - gespannte Erwartung, bis das endlich Glöckchen klingelt.

Ich sitze im Wohnzimmer und schaue mich um. Berge von Geschenken - mal wieder viel zu viel. Der Weihnachtsbaum steht noch etwas düster in der Ecke, aber ich habe das Feuerzeug schon in der Hand.

Die Glocke steht auf dem Tisch, eine CD mit Weihnachtsliedern steckt im Player. Aufgeregtes Plappern klingt aus dem Kinderzimmer. Aber kein Duft von Weihnachtsgans umfächelt meine Nase. Heiligabend gibt's bei uns immer heiße Würstchen mit Kartoffelsalat.

Ich genieße diesen ruhigen, besinnlichen Moment jetzt, freue mich schon darauf, dass mein Mann sich freuen wird und wie meine Kinder jubeln werden. Ich glaube, diesmal habe ich wirklich an alles gedacht, nichts vergessen - wär' eigentlich typisch für mich.

Mein Blick schweift noch einmal prüfend durch den Raum, gleitet aus dem Fenster. "Markt und Straßen steh'n verlassen..." schießt mir durch den Kopf, "alles sieht so festlich aus...". Hm, stimmt, aus den Fenstern der gegenüberliegenden Häuser scheint festlicher Lichterglanz zu mir herüber. Kein Schnee, mal wieder, so wie früher.

Und wie ich so blicke, muss ich lächelnd an den lieben Schwager denken, der vor zwei Jahren bei uns den echten Weihnachtsmann "machen" sollte. Ich saß damals genauso wie heute da und sah ihn aus dem Auto steigen, sah wie er auf mein Fenster zukam. Plötzlich war er weg! Ausgerutscht in Hundekacke. Der Cognac, den ich bekommen sollte, hatte das nicht überlebt und mein Schwager und unsere Geschenke stanken, als wenn er aus der Kneipe gekommen wäre.

Das letzte Jahr fällt mir ein, als mein Ältester den Weihnachtsbaum allein besorgen wollte. Dieser hatte schon fast alle Nadeln eingebüßt, bis mein Sohn ihn zu Hause hatte. Und die paar Zweige, die an ihm waren, standen alle in eine Richtung. "Der tat mir so leid, keiner wollte ihn kaufen..." Ich hatte fast den ganzen Nachmittag des Heiligabend damit zu tun, dem Baum mit Hilfe meiner Bohrmaschine und Zweigen vom Wochenmarkt etwas Form zu geben.

Nun fällt mir auch das erste gemeinsame Weihnachten ein. Mein Mann und ich waren noch allein. Ich wollte ihn mit einem Vorsteckring überraschen. Bereits im Oktober hatte ich ihn beim Juwelier gekauft - ich kenn' mich doch! Kurz vor Weihnachten brachte ich ihn jedoch wieder zurück, um ihn etwas weiten zu lassen. Pech!

Wir haben ihn dann aber einen Tag nach Weihnachten gemeinsam abgeholt. Wenigstens etwas....

Meine Kochversuche im zweiten Jahr sind sicher auch meinem Mann noch in lebhafter Erinnerung. Flugente wollte ich "kreiren", stattdessen gab's muffigen Rotkohl mit ein paar Scheiben Salami. Das Dessert, Mousse au Chocolat, haben wir danach aber mit Genuss getrunken.

Tante Käthes Spekulatius passen in diese kulinarische Schilderung prima hinein. Als ich das erste Mal hinein biss, dachte ich ernsthaft daran, mit ihnen den Anbau hochzuziehen.

Ich denke an das erste Paar selbstgestrickter Wintersocken, dass mein Mann mir schenkte.

Und wie war das früher? In den neunziger Jahren schenkte mein Vater mir eine elektrische Eisenbahn.

Es war fast Silvester, als ich das erste Mal damit spielen durfte. Da bin ich doch heute etwas schlauer: Die neue Autobahn meiner Jungs teste ich abends schon seit zwei Wochen, da konnte ich heute morgen noch schnell ein neues Auto besorgen. Und ich werde die Autobahn heute Abend nicht anfassen! Jedenfalls nicht so oft, nur mal zeigen...

Und die "halben" Geschenke, die ich bekam, fallen mir ein: Ein Kofferradio ohne Batterien; ein Fotoapparat mit Blitz(!), jedoch ohne Film; ein Plattenspieler, den ich mir sehr gewünscht hatte, sogar mit der neuen LP der Bee Gees.
Was fehlte, war ein Verstärker. Weihnachten kann manchmal doch recht witzig sein. Aber eben erst hinterher. Mal sehen, was uns dieses Weihnachten bringt.

Ich werd' jetzt erstmal die Kerzen anzünden und nicht den Weihnachts-baum. Und wenn ich großes Glück habe, fällt er dabei nicht um -
fröhliche Peinacht!

Vierter Advent

Antje Koller

Warm und hell leuchten die Kerzen
Jetzt brennen sie schon alle vier
Das Fest, es klopft ganz sacht
Dort draußen nun an meine Tür

Der Schnee, er fehlt mir dieses Jahr
Trotzdem komme ich nicht umhin
Dass ich die Weihnachtswärme spüre
Ganz tief in meinem Herzen drin

Duft der Weihnacht füllt den Raum
Spür wie Heimlichkeiten raunen
Freue mich auf den Tannenbaum
Und das altvertraute Staunen

Einen Hauch aus meiner Kinderzeit
Darf ich mir so bewahren
Er lebt noch immer in mir drin
Auch nach so vielen Jahren

Ganz sanft zieht Frieden in mein Herz
Und Liebe möchte erstrahlen
Viel heller als die Kerzen noch
Wenn Herzen Lichter malen

Weihnachtswunder
Wunder gibt es immer wieder besondere
aber nur zu Weihnachten
Hans-Jürgen Engelmann

Es gibt viele Feiertage, kirchliche und
weltliche. Keiner dieser Feiertage hat so
eine Strahlkraft wie das Weihnachtsfest. Die Christen feiern die Geburt
Jesus und halten inne, vielleicht auch
durch einen Kirchenbesuch werden sie
in eine besondere Stimmung versetzt.
Jesus wurde geboren,nicht als Fürst
oder König in einem Prunkbett,
sondern in einem Schafstall in einer
Krippe. Joseph überlegte, ober Maria
und ihr Kind verlassen sollte, denn er
war nicht der Vater. Dann geschahen
die ersten Wunder. In einem Traum
erschien Joseph ein Engel und der
sprach:»Joseph, du Sohn Davids,
fürchte dich nicht, Maria, dein Gemahl,
zu dir zu nehmen, denn das in ihr

geboren ist, das ist von dem heiligen Geist. Und sie wird einen Sohn gebären, des Namen sollst du Jesus heißen, denn er wird sein Volk retten von ihren Sünden. Das ist aber alles geschehen, auf das erfüllt würde, was der Herr gesagt, durch den Propheten gesagt hat.«(Matthäus Evangelium, Vers 18, Jesu Geburt)

Es kamen reiche Könige, aber auch die ärmsten der Armen, nämlich Hirten und gratulierten. Die heiligen Könige wurden durch einen Stern zur Krippe nach Bethlehem geleitet.

Jahrhunderte lang wurde gerätselt, welches Phänomen die Könige am Himmel sahen. Heute nimmt die Wissenschaft folgende Theorie als die wahrscheinlichste an: Im Jahr 2 v. Chr. passierte die Venus erneut den Planeten Jupiter mit einem minimalen Abstand. Diese Konjunktion war ebenfalls im ganzen Nahen und Mittleren Osten sichtbar.

Am Westhimmel in der Abend-
dämmerung, während über dem
entgegengesetzten Osthorizont der
Vollmond stand. Zur Zeit des geringsten
Abstands erschienen die beiden
Planeten für das bloße Auge zu einem
Punkt verschmolzen. Die Annäherung
war zuvor über mehrere Wochen am
nächtlichen Westhimmel zu verfolgen
und daher gut als Wegweiser für die
heiligen drei Könige, die von Babylon
oder Persien herkamen,geeignet.
Das zweite Wunder geschah,als Jesus
anfing zu predigen, denn Jesus sprach
von Glaube, Liebe, Hoffnung,
Barmherzigkeit, Gerechtigkeit und
nicht, wie es in der damaligen Zeit
üblich war über Hass, Revanche,
Vergeltung, Rache usw. Nur ein kleiner
Teil der Bevölkerung fing an, nach Jesus
Lehre zu leben. Die obersten Priester
und die Regierung des jüdischen Volkes
sahen eine Gefahr für das Land und

baten die römische Besatzungsmacht Jesus durch das Kreuz sterben zu lassen. Das Wunder ist,dass die Lehre des Jesus, das sogenannte Christentum, obwohl er durch sein Volk verkannt wurde,durch seine Jünger und die Apostel wie Paulus in die damalige Welt getragen wurde und bis in die heutige Zeit die Menschen geprägt haben.

Wir feiern nach über2000 Jahren am Abend des 24. Dezember immer noch die Geburt des Jesus Kindes.

Es war am Heiligabend1945 in Berlin. Meine Familie bestand damals aus meiner Mutter und mir, einem 9-jährigen Jungen.Wir hatten erfahren, dass mein Vater noch in amerikanischer Gefangenschaft sei und meine Brüder sich in Verden an der Aller getroffen hätten und darauf warteten,nach Berlin fahren zu können, was allerdings zu Weihnachten nicht mehr möglich war.

Irgendwie hatte meine Mutter einen kleinen Weihnachtsbaum besorgt. Sie sparte sich die Zutaten für eine Weihnachtsbäckerei von ihrer Lebensmittelkarte vom Munde ab und backte ein paar Kekse, damit für uns beide ein bisschen Weihnachts-stimmung aufkam.

Sie erzählte mir von einem Weihnachtswunder, das sie indirekt selbst erlebt hatte. Sie wohnte damals, 1914,mit ihrer Familie in Colmar im Elsass und war 14 Jahre alt.

Seit September 1914 herrschte zwischen Frankreich und Deutschland ein erbitterter Krieg. Die Front befand sich in den Vogesen unweit von Colmar entfernt. Sie konnte ständig Granat-feuer hören. Es war ein mörderischer Stellungskampf mit vielen Toten und Verwundeten auf beiden Seiten.

In der Heiligen Nacht zwischen dem 24. und dem 25. Dezember 1914 geschah ein Weihnachtswunder. Sie erzählte: »Plötzlich breitete sich eine Stille aus, die unheimlich war.Mein Vater fing an zu beten und meine ganze Familie betete mit. Am nächsten Morgen fing das Granatfeuer wieder an.«Ich fragte sie, »was war geschehen?«

»Am nächsten Tag kamen Soldaten nach Colmar und erzählten, dass französische und deutsche Soldaten aus den Schützengräben heraus-gekommen waren, sich zusammen-gesetzt hatten,Wein getrunken und jeder in seiner Sprache das Weihnachtslied *Stille Nacht, Heilige Nacht gesungen hatten.*

«Meine Mutter stimmte nun das Lied in französischer Sprache an und ich sang dazu den deutschen Text

Stille Nacht, Heilige Nacht
Douce nuit, saint nuit
Alles schläft, einsam wacht
Touts'endort, l'astre luit
Nur das traute hochheilige Paar,

Veille seul le couple sancré
Holder Knabe im lockigenHaar
Doux enfant aux fins cheveux
Schlafe in himmlischer Ruhe
Clos tes yeuxet repose
Schlafe in himmlischer Ruhe
Sous son regard viglant

Als meine Mutter mir dieses Weihnachtswunder erzählte, war mir
wirklich etwas unheimlich zu Mute.
Ich meinte dann: »Ein noch größeres
Wunder wäre es gewesen, wenn sie am
nächsten Tag nicht wieder geschossen
und ihre Gewehre nicht mehr in die
Hände genommen hätten und einfach
nach Hause gegangen wären«

»Man sollte mehr auf unsere Kinder hören«,warvihre Antwort. Wir beiden waren wirklich in einer Weihnachtsstimmung und sie war sichtlich froh, dass wir als Familie zwar das Weihnachtsfest noch nicht zusammen feiern konnten, aber die Gewissheit hätten, dass alle aus unserer engen Verwandtschaft den Krieg überlebt hatten.
Wenn ich heute auf die vielen Weihnachten, die ich erleben durfte, zurückblicke, war diese Weihnacht etwas Besonderes.

Ich denke oft an die Weihnachten zurück, wo ein paar Kekse und der Kerzenschein am Weihnachtsbaum sowie die Nachrichten von meinem Vater und meinen Brüdern uns sehr glücklich machten.

Nollaig Chridheil
Yule Tide -Weihnachten auf schottisch
Anna Dugall

Das Weihnachten wie wir es kennen, ist schottisch gesehen,vergleichsweise jung. 400 Jahre lang waren die Weihnachtsfeiertage dank der Reformation in Schottland ganz normale Arbeitstage. Erst seit knapp 60 Jahren feiert man in Schottland das traditionelle Weihnachten, aber ein bisschen anders. Eine viel höhere Bedeutung kommt bis heute dem *Hogmanay*, dem schottischen Neujahrsfest zu.
Ab Anfang November verwandelt sich Edinburgh in eine riesiges Weihnachtswunderland. Dennoch gibt es am 24. Dezember noch keine Geschenke. Es ist *Christmas Eve*, der Baum wird geschmückt und die Vorfreude steigt. Am 25. Dezember feiern die Schotten den *Christmas Day* und es darf endlich ausgepackt werden.

Erholung gibt es für die Schotten am 26. Dezember, dem *Boxing Day*. Früher versammelten reiche und adelige Briten ihre Haus-und Hofangestellten und überreichten eine Art Weihnachtsbonus. Auf diesen Brauch geht der Name des 2. Weihnachtstages in Schottland zurück. Übrigens, während des traditionellen Festmahls öffnen die Schotten gerne mal einen Christmas Cracker. Aus den bunten Knallbonbons fallen bunte Papierhüte und die sind Geschmackssache, genauso wie der geschmackliche Klassiker zu Weihnachten –der Plumpudding.

Genau wie uns, sind den Schotten aber vor allem Ruhe, Besinnlichkeit und ein paar schöne Stunden im Kreis der Liebsten wichtig.

In diesem Sinne, wünsche ich allen Lesern eine schöne Yule Tide!

Lieblingsrezepte
unserer Autoren

Großmutters Weihnachtsstollen

Antje Koller

Zutaten für 2 Stollen:

1 kg Mehl

175 g Zucker

75 g Hefe

200 g Butterschmalz

125 g Margarine

125 g Schweineschmalz

50 g   Zitronat

50g gehackte Mandeln süß

50 g geriebene Mandeln süß

40 g geriebene Mandeln bitter

500 g Rosinen

250 ml Milch

1 Prise Salz

Zum Bestreichen

150 g Butter

150g Zucker

1 bis 2 Päckchen Puderzucker

Zubereitung: Butterschmalz, Margarine und Schweineschmalz zusammen in einem Topf zerlassen. Danach abkühlen lassen. Das Fett darf nicht mehr flüssig sein. Das gesiebte Mehl in eine große Schüssel geben. In der Mitte eine kleine Kuhle bilden. Hefe dort hinein bröseln. Etwas lauwarmer Milch und eine Prise Zucker über die Hefe geben und das Ganze in der Kuhle vermischen. Die Schüssel an einen warmen Platz stellen und mit einem warmen Tuch abdecken. Das Hefestöckel 15 Minuten gehen lassen.

Anschließend Zucker und Fett über die Mischung geben und verkneten. Nun den Teig unter Zugabe der lauwarmen Milch ca. 5 Minuten mit einer Knetmaschine oder sehr gründlich mit der Hand durchkneten.Anschließend den Teig wieder mit einem Tuch abdecken und an dem warmen Ort 2 Stunden gehen lassen.

Danach Rosinen, Mandeln und Zitronat miteinander vermischen und dann gründlich unterkneten, in zwei gleichgroße Teile aufteilen für zwei Stollen.Beide Teige zu länglichen Laiben formen. Mit der Teigrolle etwa die Hälfte des Stollens über die lange Kante etwas flach rollen.Den dickeren Teil darüber schlagen und mit den Händen nachformen. Das Backblech mit Backpapier belegen. Die Stollen darauf platzierenund im vorgeheizten Back-ofen bei 150 bis 160 Grad ca. 1 Stunde backen. Zu dunkel gewordene Rosinen auf der Oberfläche der Stollen entfernen. Butter in einem Topf bei niedriger Temperatur flüssig werden lassen. Die Stollen direkt, wenn sie heiß sind, mit Butter bestreichen. Zucker darüber geben. Stollen abkühlen lassen. Danach noch einmal mit zerlassener Butter bestreichen und dick mit Puderzucker bestreuen.

Eulenkekse

Franziska Koblitz

Zutaten: (ca. 20 Stk.)
80 g Puderzucker
2 Päckchen Vanillezucker
200 g Kartoffelmehl
120 g Mehl
200 g Margarine
1 Packung Schokotropfen
1 Packung Mandeln

Zubereitung: Puderzucker, Vanillezucker, Kartoffelmehl und Mehl
mischen. Margarine in Flocken zugeben
und alles mit dem Knethaken des
Handmixers zu einem glatten Teig
verkneten. Klebt der Teig noch etwas
Mehl einarbeiten. Teig auf einer
bemehlten Arbeitsfläche dünn
ausrollen. Mit einem Glas oder runden
Ausstecher Kreise ausstechen. Kleine
Teigkugeln formen und je als Augen
draufsetzen.

Schokotropfen als Pupillen hinein-
drücken. Eine Mandel als Schnabel
aufsetzen und leicht festdrücken.
Kekse auf ein Backpapier belegtes Blech
geben und im vorgeheizten Backofen
bei 180° Grad ca. 10 -12 Min. backen.
Die Kekse abkühlen lassen.

Kartoffelsalat

Antje Koller

Zutaten:

1 kg festkochende Kartoffeln
150 g Jagdwurst oder Fleischwurst
einige Gewürzgurken
1 kleine Zwiebel
1 kleiner oder ½ großer Apfel
4 Eier
Mayonnaise
Pfeffer, Salz

Zubereitung: Die Kartoffeln wie Pell-
kartoffeln kochen und abkühlen lassen.
Darauf achten, die Kartoffeln nicht zu
lange zu kochen. Anschließend die
Kartoffeln abpellen, in kleine Stückchen
schneiden und in eine große Salat-
schüssel geben. Die Eier 10 Minuten
kochen und danach gut abschrecken.
Den Apfel schälen und entkernen.
Alle Zutaten in sehr kleine Würfel

schneiden und zu den Kartoffeln dazu geben. Gewürze und Mayonnaise ebenfalls hinzugeben.

Sollte die Mayonnaise zu dick sein, kann man vorsichtig ein klein wenig Gurkenbrühe zum Salat dazu geben. Alles gut vermengen, kühlstellen und etwas durchziehen lassen. Am besten schmeckt der Salat am nächsten Tag.

Eierlikör

Silke Groth

Zutaten:

8 Eigelb
1 Vanilleschote
200 g Zucker
250 ml Kondensmilch
100 ml süße Sahne
250 ml Wodka oder Korn
Außerdem: Sterile Flaschen, Trichter

Zubereitung:

Alle Eier trennen,die ganze Vanilleschote aufschneiden und das Mark mit
der Messerspitze auskratzen.
Eigelbe, Vanillemark und Zucker mit
dem Handrührgerät 5 Minuten auf
hoher Stufe verquirlen. Kondensmilch
und Schlagsahne unter Rühren
hinzufügen. Die Creme in eine Schüssel
geben, über dem Wasserbad auf 70
Grad erwärmen und für 10 Minuten
unter Rühren auf 70 Grad halten.

Wodka eingießen, nochmals sorgfältig verrühren. Eierlikör in heiß ausgespülte Flaschen abfüllen.

Christmas Cookies
Anna Dugall

Zutaten: für 4 Personen
Ofeneinstellung: Umluft 175 Grad,
Gas Stufe 2

Zutaten:
¼ TL Salz
80 g brauner Rohrzucker
100 g gehackte Haselnüsse
2 Päckchen Vanillezucker
150 g Butter
½ TL Backpulver
180 g Mehl
1 Ei
100 g Zucker
2 Päckchen Schokoladentröpfchen

Zubereitung: Die Butter mit dem
Zucker schaumig schlagen. Den Vanillezucker unterrühren und danach das Ei
dazu geben.

Das Mehl mit dem Backpulver und Salz verrühren und unter die Masse mischen. Die gehackten Haselnüsse und Tröpfchen dazu geben. Kleine Teighäufchen formen und auf ein mit Backpapier belegtes Backblech setzen. Im vorgeheizten Ofen für 12 –14 Minuten goldbraun backen.
Nach dem Abkühlen in einer geschlossenen Dose aufbewahren.

Schweizer Nusstaler

Franziska Koblitz

Zutaten:

125 g Haselnüsse
250 g Mehl
1 TL Backpulver
100g Speisestärke
100 g Puderzucker
1 Pck Vanillinzucker
1 Prise Salz
250 g Butter
Kakaopulver

Zubereitung:

Nüsse, Mehl, Backpulver, Stärkemehl,
Puderzucker, Vanillinzucker, Salz und
Butter rasch zu einem Teig kneten,
daraus vier Rollen mit etwa drei
Zentimeter Durchmesser formen. In
Kakaopulver wälzen, bis die Rollen von
außen gleichmäßig braun sind und über
Nacht kalt stellen.

Am nächsten Tag mit mit einem Messer
in ½ cm dicke Scheiben schneiden und
bei 180° auf der mittleren Schiene in 15
bis 20 Minuten hellgelb backen.
Achtung, die Taler werden leicht zu
braun!

Die Plätzchen müssen einige Tage in
einer fest verschlossenen Dose
durchziehen, erst dann
schmecken sie richtig gut.
Das Rezept ergibt etwa 80 Kekse.

Plumpudding
Zutaten: für 4 Personen
Anna Dugall

Zutaten:

175 g Rindernierenfett

100 g Mehl

175 g Zucker

½ Teelöffel Salz

200 g Semmelbrösel

100 g entsteinte Backpflaumen

100 g Rosinen

100 g Korinthen

100 g Zitronat

100 g Orangeat

100 g Mandeln

4 Eier

¼ Liter Milch

2 Äpfel

1 dl Schnaps

½ Teelöffel Zimt

½ Teelöffel Piment

¼ Teelöffel gemahlener Ingwer

Muskat

Gemahlene Nelken

3 EL 54prozentiger Rum

250 g Butter

150 g Puderzucker

1 dl Weinbrand

Zitronensaft

Zubereitung:

Das Rindernierenfett von Häuten und Sehnen trennen und mit einem Fleischwolf zerkleinern. Das Fett mit dem Mehl gut vermischen.

Salz, Zucker und die Semmelbrösel miteinander vermengen und das gehackte Zitronat, Orangenat, die zerkleinerten Pflaumen, Rosinen und Korinthen, die geriebenen Mandeln sowie die Gewürze untermischen.

Äpfel schälen und raspeln, den Schnaps dazugeben. Eier und Milch verquirlen und alles mit den bereits vorhandenen Zutaten vermischen.

Eine große Puddingform einfetten und den Teig hineingeben. In einem Wasserbad für 3 – 4 Stunden kochen. Danach den Pudding etwas ruhen lassen und im Anschluss aus der Form lösen. Mit dem warmen Rum begießen, anzünden und brennend servieren. Den Puderzucker mit der Butter schaumig schlagen. Weinbrand langsam dazu geben und mit dem Zitronensaft abschmecken. Die so entstandene Soße zum Pudding reichen.

Autorenportraits

Andreas Brüge *1962 arbeitet als Physiker in einer Forschungseinrichtung in Braunschweig und lebt in Peine. Er schreibt Gedichte,Kurzgeschichten und Romane. In seinen Texten/Büchern verarbeitet er seine wissenschaftlichen Erfahrungen in allgemeinverständlicher Form und führt den Leser durch spannende Abenteuer in gesellschafts-kritische Themen ein. Sein dritter Roman heißt »Tiefe Wasser«. **www.daysofpleasure.de**

Silke Groth *1966 in Berlin, lebt in Vechelde. Pflegefachkraft in Peine. Mitglied des Autorenkreises Peiner Land. Schreibt Kurzgeschichten u.a. in ihrem Buch »GlücksKlee« Mitautorin der Anthologie »800 Jahre Peine« **https://engelntorfivo.blog**

Anna Dugall *1979 in Hannover, lebt in Groß Bülten. Eigentlich Svenja Stiegler schreibt unter ihrem Pseudonym vor allem Thriller. In den letzten zwei Jahren hat sie ihre Bücher »Stille unter der Erde« und »Jennas Fluch« veröffentlicht. Derzeit arbeitet sie an ihrem vierten Buch. Mitglied im Autorenkreis Peiner Land. Sie lebt für das Schreiben und Liebe zu Schottland. **www.anna-dugall.de**

Antje Koller *1969 in Wolfen, lebt in Lengede. Kundenbetreuerin, Dichterin, Songtexterin, Autorin. Schreibt Lyrik, Kurzgeschichten, Romane, Kinderbücher. Referentin des Kulturverein Lengede e.V. und Mitglied des Autorenkreis Peiner Land. Bücher: »Nur ein Tropfen«, »Der Möwenjunge Fabian«, »Gestrandet Triologie«. Anthologien: »Spannung, Abenteuer, Liebe, 800 Jahre Peine. **www.antjekoller.de**

Katharina Schiller, *1952 in Düsseldorf, lebt in Peine. Studium der Germanistik, Geschichte und Philosophie in Hannover, Pressereferentin. Mitglied der AG Literatur der Braunschweigischen Landschaft e.V. und Vorsitzende des Autorenkreis Peiner Land. Schreibt Kurzgeschichten, Drabbles u. Gedichte. Beiträge in Zeitschrift Raabenhorst, Eulenblick. Buch: Neue Heimat Süden Anthologie »800 Jahre Peine«.

Hans-Jürgen Engelmann *1935 in Berlin, lebt in Peine. Schreibt, seit er denken kann und ist beim Autorenkreis Peiner Land dabei. Seine Bücher »Meine Kindheit und Jugend im Krieg und in der Nachkriegszeit in Deutschland« und »Mein bewegtes Leben.« Anthologie »800 Jahre Peine«.

Ryka Foerster, *1959 in Peine geboren. Sie ist Psychologin und lebt und arbeitet in Braunschweig. Ihre Kurzgeschichten wurden in Anthologien und Literaturzeitschriften veröffentlicht. EinenBand mit Kurzgeschichten: »Fünfzehn fast wahre Geschichten« hat sie im Selbstverlag veröffentlicht. **www.rykafoerster.wordpress.com**

Jürgen Gückel *1952 in Stederdorf, lebt in Peine. Redakteur und Korrespondent für die Zeitungen der Madsack-Gruppe, Polizei-und Gerichtsreporter des Göttinger Tageblattes. Preise u.a. Konrad-Adenauer-Lokaljournalisten-Preis, August-Madsack-Preis, Bodenstedt-Preis der Stadt Peine.»Klassenfoto mit Massenmörder«, »Das Doppelleben des Artur Wilke, Heimkehr eines Auschwitz-Kommandanten«. »Wie Fritz Hartjenstein drei Todesurteile überlebte«Anthologien:»Blütenlese«,»800 Jahre Peine«. 192

Franziska Koblitz *1986 in Peine, lebt in Lengede. Rechtsanwaltsfach-angestellte, Webdesignerin und zudem 1. Vorsitzende des Autorenkreis Peiner Land. Schreibt Gedichte, Gedanken und Geschichten. Beitrag in Anthologie »Blütenlese«, »800 Jahre Peine«und Zeitschrift »Raabenhorst«, Eulenblick. Bücher: »Das Herz in mir«.
www.webheldinreloaded.de

Lutz Tantow *1956 in Braunschweig, lebt in Braunschweig. Studium der Germanistik in Saarbrücken, Dr.phil. Arbeitete als Journalist, wissensch. Mitarbeiter, Pressesprecher, Bankangestellter. Mitglied der AG Literatur der Braunschweigischen Landschaft e.V. Schreibt über seine Heimat, die große, weite Welt auf dem Meer. Zahlreiche Veröffentlichungen, zuletzt »In 80 Texten übers Meer« und Anthologie»800 Jahre Peine«.

Adolf Wissel *1943 in Hoya, lebt in Peine. Handswerksmeister in Rente, seit 1968 Mitbewohner der Peiner Südstadt. Als Autor hat er fünf Jahre für die Seniorenseite der Peiner Allgemeinen Zeitung an der monatlichen Kolumne der 66er mitgewirkt. Bücher:»Zugetragen«, »Mitgenommen«u.a.m. Anthologie »Spannung, Abenteuer & Liebe«, »800 Jahre Peine«

Platz für Notizen und Erinnerungen

_____

_____

_____

_____

_____

_____

_____

_____

_____

_____

800 Jahre Peine
Zum Andenken & Nachdenken
ISBN: 978-3-7575-5242-8
Preis: 13 EUR

ISBN 978-3-7584-2245-4

www.epubli.com